Guide des

mammifères
terrestres

du Québec, de l'Ontario et des Maritimes

D1494272

© Éditions du Nomade, 1983
Dépôt légal, 4ᵉ trimestre 1983
Bibliothèque nationale du Québec
Bibliothèque nationale du Canada
ISBN 2-920438-00-X

Éditions du Nomade Inc.
C.P. 340, Waterloo,
Qué. J0E 2N0

Table des matières

Préface

Il y a quelques années, les ouvrages québécois traitant de la faune, des Mammifères en particulier, étaient fort peu nombreux. La situation a heureusement évolué, permettant à l'amateur comme au spécialiste de se documenter dans sa langue à des sources du cru. On ne peut que se féliciter de ce changement. Une meilleure connaissance des animaux qui partagent notre milieu biologique ne pourra qu'accentuer notre intérêt, notre soif de connaître et, partant, notre respect de la nature. L'ouvrage de Louise Beaudin et Michel Quintin vient ainsi apporter une contribution de valeur à la conscience collective des québécois et des francophones canadiens dans le domaine des sciences naturelles.

Guide des mammifères terrestres du Québec, de l'Ontario et des Maritimes décrit en détail chaque espèce que le promeneur peut rencontrer dans nos bois ou nos régions agricoles. Tous les aspects de la vie des Mammifères sont également envisagés: activité alimentaire, sociale, hivernale, reproductrice, rythme circadien, relations avec des prédateurs éventuels et avec l'Homme entre autres. Le livre se différencie pourtant des autres ouvrages du genre par le soin que ses auteurs ont apporté à la description de critères d'identification précis, permettant un diagnostic sûr des espèces, ainsi que par l'importance qu'ils ont accordée au comportement social de chaque espèce.

De conception claire et de présentation agréable, grâce aussi à des pictogrammes explicites qui facilitent la découverte rapide du renseignement désiré, ce livre s'avèrera un guide d'une grande utilité pour tous ceux qui, d'une façon ou d'une autre, cherchent à mieux comprendre l'activité qui anime, en tout temps, nos bois et nos plaines. Il constituera également le complément obligatoire de toute bibliothèque zoologique bien documentée.

Jean Piérard
Professeur titulaire
Faculté de médecine vétérinaire
Université de Montréal

Avant-propos

Depuis quelques années souffle un vent de curiosité envers la nature; plusieurs d'entre nous se sensibilisent aux grandes questions de l'heure sur l'écologie ainsi qu'à la notion d'équilibre des populations. Par exemple, on sait depuis assez longtemps déjà que l'introduction ou la destruction d'une seule espèce dans un milieu donné peut avoir sur celui-ci des conséquences incalculables. Nous mesurons davantage l'importance de la faune et de la flore par rapport à la survie même de l'homme.

Malgré tout, nous sommes souvent peu familiers avec la faune qui nous entoure. Bien sûr, on connaît l'ours et le petit gibier, grands favoris des chasseurs, l'écureuil gris qui fréquente nos jardins ou encore le porc-épic, pour avoir vu son chien rentrer au bercail le nez garni de piquants; mais que savons-nous réellement d'eux, de leur façon de se nourrir, de leurs habitudes de vie? Bien souvent, la réalité du lion d'Afrique nous semble plus tangible que celle du campagnol, du rat musqué ou de la musaraigne vivant à cent mètres de nous.

Ce guide s'adresse à tous les amants de la nature. Le lecteur avide de connaissances sur notre faune y trouvera, réunis en un seul volume, des renseignements sur tous les mammifères terrestres qu'il est susceptible de rencontrer au Québec, en Ontario et dans les Maritimes. Nous avons tenté de couvrir tous les aspects de la vie de ces animaux et de faciliter au maximum le repérage des informations au moyen d'un code de couleurs identifiant les ordres et les familles et de pictogrammes associés aux différents thèmes des rubriques. Des photos couleurs, dont plus de la moitié ont été prises par Michel Quintin, facilitent grandement l'identification des espèces.

Nous tenons à exprimer notre gratitude à tous ceux et celles qui ont contribué à la réalisation de cet ouvrage, depuis l'aide apportée à la photographie jusqu'à la révision scientifique: Andrée Beaudin, Michèle Beaudin, Denise Beaudoin, Dr Jules Bourque, Michel Cordeau, Ghislain Gagnon, Pierre Henrichon, Ginette Lefebvre, Christiane Malet, Dr Jean Piérard, Pierre Poirier, Suzanne Robert, Claude Sauvageau et Pierre Véronneau.

Louise Beaudin, vétérinaire
Michel Quintin, vétérinaire

Introduction

Toute une vie grouille autour de nous, bien souvent à notre insu. Consacré à l'étude des mammifères terrestres du Québec, de l'Ontario et des Maritimes, ce guide a pour but d'éveiller notre attention et de nous sensibiliser aux manifestations de notre faune. Mais d'abord, où situe-t-on les mammifères dans la nature et pourquoi les a-t-on ainsi classés?

Classification

À l'intérieur du règne animal, les mammifères forment une des cinq classes de l'embranchement des vertébrés, à côté des poissons, des amphibiens, des reptiles et des oiseaux. La classe est ensuite divisée en ordres, eux-mêmes subdivisés successivement en familles, genres, espèces et sous-espèces. L'espèce, unité de base du système de classification, repose sur le fait que les individus lui appartenant ont en commun un certain nombre de caractères et, règle générale, s'accouplent librement dans la nature pour produire des rejetons fertiles. Il survient parfois des accouplements inter-spécifiques, c'est-à-dire entre espèces proches parentes; cependant, les rejetons issus de ces croisements sont le plus souvent stériles. Ainsi en est-il du fruit de l'âne et de la jument, en l'occurence le mulet. Le règne animal est donc classifié de façon ordonnée, partant de grands groupes et se subdivisant en groupes de plus en plus petits, de manière à unir entre elles les espèces d'après leurs affinités et à nous donner en même temps un aperçu de leur développement au cours de l'évolution. C'est ainsi que les ordres les plus primitifs précèdent dans cette échelle les plus évolués. Par exemple, les marsupiaux se placent aux tous premiers rangs, comptant parmi les ordres les plus anciens à cause de leur placenta rudimentaire. Il en va de même des genres et des espèces à l'intérieur des ordres. Toutefois, certains groupes ayant évolué au même rythme, on doit considérer que la perspective linéaire d'un volume ne rend pas une image exacte de la réalité car elle ne permet pas d'illustrer les évolutions simultanées. C'est Linné, un naturaliste suédois, qui en 1758 établit les fondements de la classification actuelle des mammifères à partir de critères morphologiques. Aujourd'hui, d'autres sciences (physiologie, sérologie, génétique, embryologie, biochimie) contribuent à accroître nos connaissances en ce domaine. On appelle taxionomie la classification des êtres vivants et taxinomie l'étude des lois de la classification. À quelques exceptions près, le présent ouvrage s'en tient à la classification récente de Jones, Carter et Genoways «Revised checklist of North American mammals, north of Mexico», Texas Tech. University, 1979.

Qui sont les mammifères?

De tous les animaux, les mammifères comptent parmi les plus évolués. On les regroupe car ils présentent des caractéristiques communes: ils sont dotés de mamelles et les mères nourrissent leurs petits de leur lait; ils ont des poils; ils sont homéothermes, c'est-à-dire capables de conserver une température corporelle constante, caractéristique qu'ils partagent avec les oiseaux. Ce mécanisme de régulation thermique les rend indépendants des fluctuations du milieu ambiant dans une certaine mesure. Il signifie aussi qu'ils ont un métabolisme de base très élevé, exigeant un apport énergétique important. Dans le monde entier, on compte au-delà de 4 000 espèces de mammifères vivants, regroupées en 19 ordres.

Présentation du Guide

Code de couleurs

Le lecteur trouvera dans ce volume des renseignements codifiés, faciles d'accès, sur toute la faune mammalienne terrestre que l'on rencontre sur le territoire de Terre-Neuve, de l'île-du-Prince-Édouard, de la Nouvelle-Écosse, du Nouveau-Brunswick, du Québec et de l'Ontario. Il traite de 72 espèces appartenant à 18 familles, elles-mêmes couvrant 7 ordres différents. Chaque ordre fait l'objet d'un chapitre. Pour se retrouver plus facilement à l'intérieur de l'ouvrage, les ordres ont été codifiés selon une couleur distinctive. Ainsi, chacune des pages de gauche porte une empreinte de la couleur de l'ordre concerné. Pour distinguer les familles à l'intérieur de l'ordre, de même que les espèces appartenant à cette famille, une silhouette dessinée dans l'empreinte illustre l'un de ses membres les plus représentatifs.

Ordres	Familles
Marsupiaux	Didelphidés (1)
Insectivores	Soricidés (8)
	Talpidés (2)
Chiroptères	Vespertilionidés (8)
Lagomorphes	Léporidés (5)
Rongeurs	Sciuridés (7)
	Castoridés (1)
	Cricétidés (11)
	Muridés (2)

Ordres	Familles
	Zapodidés (2)
	Éréthizontidés (1)
Carnivores	Canidés (5)
	Ursidés (2)
	Procyonidés (1)
	Mustélidés (9)
	Félidés (3)
Artiodactyles	Cervidés (3)
	Bovidés (1)

( ) Le chiffre entre parenthèses indique le nombre de nos espèces appartenant à cette famille.

Organisation des chapitres

Chaque chapitre est introduit par un énoncé sur les généralités de l'ordre dont il traite: les caractéristiques décrites s'appliquent à toutes les espèces appartenant à cet ordre et non seulement à celles rencontrées ici. Le chapitre est ensuite divisé en autant de sections que l'ordre compte de familles représentées chez nous. À une brève revue des caractéristiques touchant l'ensemble des membres de la famille succède l'étude de toutes les espèces rencontrées chez nous et qui lui sont rattachées. L'étude des espèces comprend une révision de la nomenclature, des cartes géographiques illustrant leur distribution, des photos, des dessins, ainsi que 14 rubriques traitant de thèmes différents.

Tableaux

Nous avons intégré aux généralités de la famille un tableau de données dont il nous semblait fastidieux de lire l'énumération à chaque espèce. Couvrant l'ensemble des espèces traitées dans la section, ce tableau présente en plus l'avantage de permettre une comparaison simultanée entre espèces appartenant à une même famille. Divisé en deux parties, il regroupe dans l'une des données physiques et dans l'autre des données physiologiques.

Dans un premier temps on retrouve, en fonction de l'espèce, les mensurations suivantes: longueur totale (du bout du nez à l'extrémité de la queue), longueur de la queue (de sa racine à son extrémité), longueur de l'oreille (à partir du méat auriculaire jusqu'à la pointe), hauteur au garrot (du sol au point le plus élevé du dos près de l'épaule), envergure des ailes, des cornes ou du panache, et poids. Les valeurs exprimées reflètent la moyenne des adultes des deux sexes; on peut se référer aux dessins quant à la façon de prende ces mesures. Cette partie renseigne aussi sur le nombre de doigts aux membres antérieurs et d'orteils aux membres postérieurs.

Dans un deuxième temps, le tableau fournit des données concernant la reproduction et la longévité: maturité sexuelle ♀ (âge de la femelle quand elle devient apte à procréer), période du rut (temps de l'année où les

Calcul des mensurations

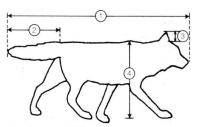

1— longueur totale
2— longueur de la queue
3— longueur de l'oreille
4— hauteur au garrot

envergure des ailes

envergure du panache

partenaires se rencontrent pour se reproduire), durée de gestation (nombre de jours requis depuis l'accouplement jusqu'à la mise bas pour mener les rejetons à terme), période de parturition (temps de l'année où la femelle met ses petits au monde), jeune(s)/portée (nombre de rejetons qu'une femelle peut mettre au monde au cours d'une même parturition), portée(s)/année (nombre de fois qu'une femelle peut mener une gestation à terme dans une même année), poids à la naissance (poids moyen des petits en venant au monde), poils à la naissance (présence ou absence de fourrure quand les petits viennent au monde), ouverture des yeux (âge des petits quand leurs yeux s'ouvrent s'ils sont fermés à la naissance), sevrage (âge du rejeton quand sa mère cesse de l'allaiter), longévité en liberté ou en captivité (l'âge que peut atteindre l'espèce dans son milieu naturel ou en captivité).

Nomenclature

Le nom commun de chaque espèce, présenté en titre, correspond le plus souvent à la liste des noms français proposée par un comité de nomenclature de la Société zoologique de Québec sous la présidence de Richard Bernard et publiée en 1967 dans «Les Carnets de Zoologie» (vol. 27, p.25-30). Toutefois, nous avons préféré au nom de loup-cervier celui de lynx du Canada et au nom d'ours blanc celui d'ours polaire, d'usage plus courant à notre avis. Le nom commun est suivi du nom scientifique, lequel est constitué de deux mots latins toujours imprimés en italique: le premier, commençant par une majuscule, décrit le genre (nom générique) et le deuxième, commençant par une minuscule, s'applique à l'espèce (nom spécifique). Il arrive qu'on mentionne un troisième mot latin; celui-ci désigne alors la sous-espèce ou race. C'est le cas de *Rangifer tarandus caribou,* nom latin du caribou des bois, une sous-espèce de caribou. Le nom latin permet de se référer sans équivoque à la même espèce dans divers ouvrages consultés et ce, malgré des noms communs différents non seulement dans des langues étrangères, mais souvent dans une même langue. On mentionne parfois un autre nom latin; à titre de référence, nous avons en effet tenu à fournir ce deuxième nom scientifique, provenant soit d'une ancienne terminologie ou encore d'une divergence d'opinions entre mammalogistes. Faisant suite au nom latin, une énumération des noms anglais usuels commence par le plus courant. Finalement nous avons compilé, à titre de référence une autre fois, les autres noms français que l'on peut retrouver dans la littérature ou dans le langage populaire.

Photos et illustrations

Pour faciliter l'identification des espèces, une photo couleur en accompagne la description. Des dessins pertinents illustrent au besoin les activités de l'espèce.

Distribution géographique

Trois éléments entrent dans la description de la distribution géographique. Une première carte, qui circonscrit les provinces maritimes, le Québec et l'Ontario, nous renseigne sur la répartition dans cette aire de l'espèce concernée. Une deuxième carte illustre sa distribution sur tout le continent nord-américain. Les plages de couleur délimitent les régions où l'on est susceptible de la rencontrer, mais on doit toutefois tenir compte du milieu qui lui convient. Quand on peut rencontrer l'espèce au-delà du continent nord-américain, les renseignements concernant sa distribution ailleurs sur le globe sont alors réunis sous la rubrique : **distribution géographique hors du continent nord-américain.**

Rubriques

Treize autres rubriques s'ajoutent à la précédente. Illustrée par un pictogramme, chacune couvre un aspect particulier de l'espèce.

Habitat. Cette rubrique contient des renseignements concernant le type de milieu ou plus précisément de niche écologique dans laquelle on est susceptible de rencontrer l'espèce; ce milieu doit répondre aux besoins de l'individu quand au gîte, à l'alimentation et à la reproduction. On trouvera aussi, quand elles sont disponibles, des données sur la densité et la fluctuation de la population ainsi que sur la superficie moyenne du domaine qu'occupe un individu.

Gîte. Où se réfugie l'animal à ses heures de repos, dans quel genre de retraite s'intalle-t-il pour mettre bas et élever ses petits? En dehors de ce refuge, utilise-t-il des sentiers de façon systématique, les aménage-t-il lui-même, ou évolue-t-il simplement au hasard sur son territoire? C'est le type de renseignements que l'on retrouve sous cette rubrique.

Activités d'hiver. Chaque espèce réagit avec ses moyens aux rigueurs de notre climat en hiver. Si certaines semblent peu importunées, d'autres préfèrent s'installer à l'abri, dans une retraite sûre, où elles sombrent dans un état d'hibernation ou de pseudo-hibernation. À moins qu'elles ne choisissent tout simplement de migrer vers des cieux plus cléments. Voilà ce que nous apprenons à l'enseigne de ce pictogramme.

Horaire des activités. Un certain nombre d'espèces ne craignent pas de s'affairer le jour. Toutefois, la plupart préfèrent quitter leur retraite à la pénombre ou la nuit car elles bénéficient alors de l'obscurité qui leur permet d'échapper aux regards indiscrets. Tel est le thème de cette rubrique.

Comportement social. Certaines espèces sont de nature grégaire, voire même sociales, tandis que d'autres sont solitaires et les individus ne se tolèrent qu'au temps du rut. Certaines gardent jalousement leur territoire et le délimitent suivant des règles précises alors que cette notion importe peu à leurs voisines. Cette rubrique décrit les relations sociales intra-spécifiques (entre individus de la même espèce) et, en quelques occasions, quand elles ont lieu, les relations inter-spécifiques (entre individus d'espèce différentes). Elle nous dit aussi si l'espèce est sédentaire ou plutôt nomade et en quel temps de l'année.

Comportement reproducteur. Quand et comment l'espèce se reproduit-elle? La gestation suit-elle un cours particulier? Les parents s'occupent-ils à deux de leurs petits et quel genre de relations ont-ils avec ceux-ci? C'est le type de renseignement que contient cette rubrique. Les données précises quant à la durée de gestation, au nombre de rejetons, etc., sont regroupées dans un tableau qui accompagne la description de la famille.

Régime alimentaire. Ce thème nous décrit le type d'alimentation de l'espèce, souvent relié au type de denture, ainsi que les aliments qu'elle a tendance à consommer le plus souvent. On peut aussi y trouver des renseignements sur sa façon d'assurer sa subsistance en hiver et, quand ils sont particuliers à l'espèce ou supposent une adaptation particulière, sur sa façon de se procurer sa nourriture.

Aptitudes particulières. La plupart du temps, les espèces sont bien adaptées à leur milieu et à leurs conditions de vie. Cette rubrique nous dit si l'espèce est digitigrade, plantigrade, arboricole, terrestre, semi-aquatique ou fouisseuse. Elle nous décrit aussi les traits physiques et les aptitudes qui la caractérisent.

Apparence externe. Les renseignements réunis sous cette rubrique décrivent l'apparence externe de l'espèce et, s'il y a lieu, les changements de couleur de la livrée selon les saisons. Cette description s'ajoute à la photo.

Caractères distinctifs. Il est parfois difficile de différencier certaines espèces très semblables, les musaraignes par exemple. Nous mettons donc ici en évidence les caractères physiques ou morphologiques qui nous permettent de faire cette distinction. L'aire de distribution, le type d'habitat, de même que les mensurations sont autant d'indices.

Prédateurs. On retrouve sous cette rubrique les principaux ennemis de l'espèce. Certaines ont peu de prédateurs, si ce n'est l'homme, tandis que d'autres sont la proie d'un grand nombre, dépendant de leur rang au sein de la chaîne alimentaire.

Relations avec le milieu. Sous cette rubrique, nous avons tenté de mettre en évidence l'influence que peut avoir l'espèce sur le milieu environnant et les liens qui peuvent exister entre elle et l'homme.

Particularités. Certaines particularités ou certains traits distinctifs méritent d'être mis en évidence. Nous avons tenu à le souligner sous cette rubrique.

Annexes

À la fin du volume, le lecteur trouvera sept annexes intitulées respectivement Espèces rencontrées sporadiquement en Ontario, Origine des noms, Maladies transmissibles à l'homme, Populations fauniques, chasse et piégeage au Québec, Empreintes de nos mammifères, Mesures équivalentes et Glossaire.

 Ordre des Marsupiaux

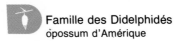 Famille des Didelphidés
opossum d'Amérique

Ordre des **MARSUPIAUX**

L'ordre des marsupiaux regroupe des mammifères primitifs dont le plus connu est sans doute le kangourou. Très différents d'apparence, ces animaux semblent presque avoir été copiés par plusieurs espèces qui leur ressemblent: écureuil volant, souris, taupe, lapin, marmotte, ours, chien, chat, etc. Leurs modes de vie sont tout aussi différents: ils peuvent être terrestres (fourmilier marsupial), arboricoles (koala), semi-aquatiques (loutre marsupiale), aquatiques (yapok) ou fouisseurs (taupe marsupiale). Enfin, leurs habitudes alimentaires diffèrent aussi grandement; ils sont herbivores, insectivores, carnivores ou même nectarivores.

Certaines particularités anatomiques caractérisent cependant les marsupiaux. Leurs voies intestinales, urinaires et génitales aboutissent à une cavité commune. On appelle cette cavité un pseudo-cloaque par analogie avec les reptiles et les oiseaux qui, eux, possèdent un véritable cloaque. De plus, à quelques exceptions près, les femelles sont dotées d'une poche marsupiale ou marsupium à laquelle les marsupiaux doivent leur nom; les mâles de quelques espèces en sont aussi pourvus. Cette poche ventrale, tapissée de fourrure, camoufle les mamelles et possède selon les espèces une ouverture antérieure ou postérieure. Elle consiste quelquefois en un simple repli cutané. Elle peut aussi être inexistante ou ne se développer qu'au temps de la reproduction.

Très brève, la gestation suit chez les marsupiaux un cours inusité. En effet, à cause d'un placenta rudimentaire, inapte à les mener à terme, les petits viennent au monde à un stade embryonnaire: nus, sans yeux ni oreilles, les membres postérieurs et la queue à peine ébauchés. Le cerveau et les membres antérieurs sont toutefois suffisamment développés pour leur permettre de rejoindre la poche marsupiale où s'achèvera leur maturation. Survivent ceux qui trouvent leur chemin et une mamelle disponible. La mère lèche soigneusement sa fourrure, du cloaque au marsupium, et les embryons remontent ce tracé en quelques minutes. C'est là que tout en achevant de se développer, ils acquièrent l'aptitude à conserver leur température corporelle. Ils s'accrochent à une tétine qui gonfle dans leur gueule et y restent pour ainsi dire soudés pendant plusieurs semaines. Progressivement, ils la laisseront pour la reprendre à volonté et commenceront à explorer le monde extérieur, souvent sur le dos de la mère.

Les marsupiaux ont connu leur apogée il y a environ 70 millions d'années, puis ils ont graduellement été évincés par les mammifères placentaires. Aujourd'hui, l'ordre des marsupiaux compte environ 250 espèces regroupées en 8 familles. La plupart de celles-ci vivent en Australie où elles n'ont rencontré que peu de concurrence avec les mammifères placentaires; quelques-unes vivent encore en Amérique centrale ou en Amérique du Sud. La seule famille représentée en Amérique du Nord est celle des Didelphidés.

Famille des **DIDELPHIDÉS**

La famille des opossums ou sarigues du Nouveau Monde est la plus primitive de l'ordre des marsupiaux. Les opossums possèdent un museau effilé, une longue queue écailleuse et préhensile, ainsi qu'un gros orteil sans ongle, opposable aux autres orteils. Ils sont omnivores et, de fait, leur denture peu spécialisée leur permet de consommer une gamme variée d'aliments. À quelques exceptions près, ils mènent une vie arboricole ou terrestre. Didelphidés veut dire deux utérus. Même si l'anatomie des opossums le confirme, cette particularité de leur système génital n'était sans doute pas connue à l'époque où on les a ainsi désignés et on considérait alors le marsupium comme un deuxième utérus pour les embryons.

La famille des didelphidés compte environ 65 espèces réparties en Amérique du Sud et en Amérique centrale. L'opossum d'Amérique est le seul des didelphidés que l'on retrouve jusque sous nos latitudes.

		opossum d'Amérique
Long. totale *(cm)*		65-85
Long. de la queue *(cm)*		25-40
Poids *(kg)*		1,4-5
Doigts/orteils		5/5
Maturité sexuelle ♀ *(mois)*		6-12
Rut		février-mars [juin-juillet]
Gestation *(jours)*		12-13
Parturition		février-mars [juin-juillet]
Jeune(s)/portée		4-12 [3-22]
Portée(s)/année		1
Poids à la naissance *(g)*		0,6
Sevrage *(jours)*		100
Longévité *(ans)*	en liberté	2-7
	en captivité	2-4

[ ] quelquefois

Opossum d'Amérique

Didelphis virginiana, Didelphis marsupialis
Virginia opossum
Sarigue commune, opossum de Virginie

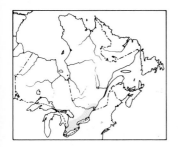 

On le rencontre aussi en Amérique centrale, en Amérique du Sud et dans les Petites Antilles.

Il habite les boisés, les fourrés et quelquefois les abords des fermes, près des cours d'eau; son domaine a une superficie d'environ 20 à 25 ha.

Il aménage son nid de feuilles et d'herbes dans un arbre creux, une bille, une anfractuosité de rocher, sous un amas de broussailles ou dans un terrier abandonné.

À l'approche de la saison froide, l'opossum prend du poids et accumule des réserves de graisse. Il est actif presque tout l'hiver, mais ses oreilles et sa queue dépourvues de poils sont très mal protégées et il lui arrive souvent d'en perdre quelques centimètres par suite d'engelures. Il reste quelquefois de 2 à 10 jours au nid que seule la faim le pousse à quitter. Un état de torpeur l'envahit au cours de cette période d'inactivité et sa température corporelle diminue sensiblement. Les individus qui gagnent nos régions vivent à la limite nord de leur aire de distribution et sont mal adaptés aux rigueurs de notre climat. Aussi, lors d'hivers particulièrement difficiles, il arrive que la population entière soit décimée. Progressivement, d'autres individus montent du sud et la remplacent.

L'opossum d'Amérique est nocturne. On l'aperçoit rarement de jour, à moins qu'il ne soit délogé de sa retraite.

Il vit en solitaire, excepté au temps du rut et de l'élevage des petits. Il ne semble pas territorial, mais les individus ne se tolèrent pas et se chamaillent lorsqu'ils ne peuvent s'éviter.

♂ Sitôt l'accouplement terminé, la femelle ne tolère plus le mâle. Après 12 ou 13 jours, soit la plus brève durée de gestation enregistrée chez les mammifères, elle met bas 3 à 22 embryons pas plus gros qu'une abeille: seuls leurs membres antérieurs sont bien développés et munis de griffes caduques qui tomberont peu après leur arrivée dans le marsupium; le reste du corps est à peine formé. La mère lèche soigneusement sa fourrure, du cloaque au marsupium auquel elle accorde une attention particulière. Les embryons s'agrippent au poil et remontent ce tracé jusqu'à la poche qui camoufle 12 mamelles disposées en forme de fer à cheval et une 13e au milieu. Ils ne trouvent pas tous leur chemin ou une mamelle, si bien qu'en général seulement 8 d'entre eux survivent. Ceux-là ne lâchent graduellement prise sur le sein maternel qu'au bout de 60 ou 70 jours. Bientôt, la queue enroulée autour de la mère, ils voyagent sur son dos et apprennent à se nourrir d'aliments solides. Ils deviennent autonomes vers l'âge de 3 mois.

Omnivore, il se nourrit d'une grande variété de végétaux et d'animaux: fruits, noix, herbes, couleuvres, grenouilles, oiseaux, insectes, petits mammifères (souris, taupes, lapins, écureuils) et charogne. Il ne dédaigne pas la volaille qu'il chaparde à l'occasion dans les poulaillers. Sa denture peu spécialisée (elle compte 50 dents) lui donne accès à une gamme variée d'aliments.

L'opossum d'Amérique mène une existence surtout terrestre. Au sol, il a une démarche plutôt lente, mais il grimpe bien et s'aide d'ailleurs de sa queue préhensile pour s'accrocher aux branches. Il peut même grimper à reculons et se sert alors de son gros orteil opposable. Il nage aussi très bien et la femelle peut fermer hermétiquement sa poche marsupiale quand elle va à l'eau avec ses petits. Certains auteurs rapportent qu'il utiliserait sa queue pour transporter des matériaux servant le plus souvent à la construction de son nid.

Grise dans l'ensemble, la robe est blanche sur la face et la gorge. Les oreilles et la queue sont glabres; la peau de la queue est rose et celle des oreilles noire avec l'extrémité rose. De la taille d'un chat, l'opossum d'Amérique possède une véritable poche marsupiale avec une ouverture horizontale.

Hormis l'homme et le grand duc, il a très peu d'ennemis. Il dégage une odeur nauséabonde qui répugne à la plupart des prédateurs.

Il a peu d'influence sur notre environnement, étant donné sa rareté. Il détruit beaucoup d'insectes nuisibles; toutefois, il lui arrive de visiter les poulaillers. Dans le sud de son aire de distribution, on apprécie sa fourrure et sa chair.

Sur la défensive, l'opossum d'Amérique ouvre une gueule menaçante à la manière du chat et libère en même temps des sécrétions nauséabondes provenant de ses glandes anales. Mais il a aussi une autre manière bien à lui d'esquiver l'adversaire: il s'écroule, les yeux hagards, la langue pendante, et feint d'être mort. Une fois le danger écarté, il reprend ses sens et s'enfuit. On a longtemps cru à une ruse de sa part, mais la réalité est tout autre: il entre véritablement dans un état cataleptique provoqué par le stress.

L'opossum d'Amérique est le seul marsupial d'Amérique du Nord.

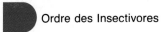 **Ordre des Insectivores**

 **Famille des Soricidés**
musaraigne cendrée
musaraigne palustre
musaraigne fuligineuse
musaraigne arctique
musaraigne de Gaspé
musaraigne longicaude
musaraigne pygmée
grande musaraigne

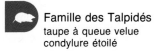 **Famille des Talpidés**
taupe à queue velue
condylure étoilé

Ordre des **INSECTIVORES**

Cet ordre englobe entre autres les musaraignes et les taupes. Les insectivores possèdent en général un museau allongé et pointu, une oreille externe souvent absente, sinon très petite, et des yeux minuscules. Leur structure dentaire primitive consiste en une série de petites dents pointues servant à retenir et à perforer les carapaces d'insectes. Elle diffère donc beaucoup de celle des rongeurs avec lesquels on les confond souvent. Leur vue est faible, mais l'odorat, l'ouïe et le toucher sont bien développés chez la plupart. Ce dernier sens est particulièrement raffiné grâce à des terminaisons tactiles nombreuses dans la région du museau, mais présentes aussi sur les pattes. Certaines espèces se dirigent par écholocation. La plupart des insectivores sont plantigrades. Certains sont terrestres, d'autres fouisseurs, et beaucoup ont été forcés de s'adapter à la vie aquatique. Un seul d'entre eux hiberne, le hérisson.

Généralement solitaires, ces animaux traduisent leurs instincts territorial ou reproducteur au moyen de sécrétions odorantes émises par leurs glandes cutanées. Ces sécrétions constituent pour eux un véritable langage. Leur odeur répugne cependant aux prédateurs qui souvent les attrapent, mais ne les mangent pas. Petite taille, métabolisme élevé, grande dépense énergétique vont de pair et caractérisent les insectivores. Privés d'apport nutritif, ils meurent rapidement d'inanition; c'est pourquoi ils sont agressifs et voraces. Certains consomment même plusieurs fois l'équivalent de leur poids en une seule journée. Ils détruisent quantité d'insectes et de larves nuisibles, éléments importants de leur régime alimentaire, et se rendent ainsi fort utiles à l'homme.

Parmi les insectivores, seules les musaraignes et les taupes habitent l'Amérique du Nord. Elles sont nombreuses et omniprésentes mais, en raison de leur mode de vie, rarement aperçues et peu connues. On les différencie facilement les unes des autres car le membre antérieur de la taupe, de beaucoup plus développé, est aussi armé de griffes caractéristiques. Les deux plus petits mammifères du monde, la musaraigne pygmée et le pachyure étrusque, appartiennent à la famille des musaraignes.

L'ordre des insectivores compte plus de 300 espèces réparties en 8 familles. Celle des musaraignes, les Soricidés, et celle des taupes, les Talpidés, sont toutes deux représentées sous nos latitudes.

Famille des **SORICIDÉS**

Communément appelés musaraignes, les membres de cette famille comptent parmi les plus nombreux des mammifères. Petits, ils possèdent une trompe mobile, riche en poils tactiles, et une nuque à la musculature puissante qui leur permet de retourner des pierres de leur poids. Leurs pattes sont très petites. Contrairement à celle de beaucoup d'insectivores, leur oreille est dotée d'un pavillon, bien qu'il soit quelquefois minuscule. La fourrure, à l'instar des taupes, se brosse en tous sens. Derrière les incisives médianes supérieures, on compte une série de trois à cinq dents unicuspides dont la grosseur et le nombre servent notamment à distinguer les espèces entre elles. En plus des terminaisons tactiles du museau, certaines musaraignes utilisent l'écholocation pour repérer les obstacles et se diriger.

grande musaraigne

musaraigne cendrée

musaraigne pygmée

Le nombre de dents unicuspides (noires sur le croquis)
sert souvent à distinguer les espèces entre elles.

Généralement solitaires et très territoriaux, les soricidés défendent leur territoire avec beaucoup d'agressivité. Ils recourent en cela à une série de postures et de petits cris caractéristiques, poussant même quelquefois jusqu'à l'attaque. À peu près de même taille, les adultes des deux sexes possèdent sur les flancs des glandes dont les sécrétions à forte odeur de musc servent entre autres à assurer des relations territoriales harmonieuses. En effet, la musaraigne évite de prendre un chemin récemment emprunté par une congénère. Particulièrement actives chez le mâle, ces glandes le sont moins chez la femelle, surtout si elle est en œstrus. L'absence d'odeur chez celle-ci atténue le signal «danger» et favorise la rencontre des partenaires: c'est le seul temps où le mâle l'approche en toute sécurité. Les jeunes encore à la mamelle sont très craintifs. S'ils sont apeurés, un premier attrape la croupe de sa mère dans sa gueule et les autres l'imitent à la queue leu leu. Ils s'esquivent ainsi, la mère en tête de ce curieux cortège.

À cause de sa petite taille, la musaraigne a un métabolisme de base très élevé. La frayeur, un bruit soudain suffisent à faire monter son rythme cardiaque de 800 à 1 200 battements par minute et

	musaraigne cendrée	musaraigne palustre	musaraigne fuligineuse	musaraigne arctique
Long. totale *(cm)*	8-11	14-16	11-13	10-13
Long. de la queue *(cm)*	3-5	6-8	3,7-5,2	3,3-4,6
Poids *(g)*	3-6,5	10-17	6-12	6-13
Doigts/orteils	5/5	5/5	5/5	5/5
Maturité sexuelle ♀ *(mois)*	4-5	4-5	7	5
Rut	mars-sept.	fév.-août	mars-août	avril-sept.
Gestation *(jours)*	18	21	21	21
Parturition	avril-oct.	mars-sept.	avril-août	avril-sept.
Jeune(s)/portée	5-7 [2-10]	6 [4-9]	4-7 [2-8]	6-7 [3-10]
Portée(s)/année	1-2	2-3	1-2	2-3
Longévité *(mois)* en liberté	14-16	17	12-18	18

[ ] quelquefois
• estimation

même à causer sa mort. Ce métabolisme élevé l'oblige à manger environ toutes les trois heures, et à faire alterner périodes d'alimentation et de repos; elle consomme ainsi plusieurs fois l'équivalent de son poids en 24 heures. Elle fouille à la surface du sol, sous les feuilles, en quête d'invertébrés, de petits mammifères, de végétaux, enfin de toute forme de vie n'excédant pas ses capacités; plusieurs espèces s'adonnent même au cannibalisme. La morsure de la grande musaraigne, et problablement celle de certaines espèces du genre *Sorex*, tue les petits mammifères et les oiseaux. En effet, leurs glandes salivaires sécrètent une substance toxique rappelant celle du cobra, qui agit sur le système nerveux et paralyse les petites proies. Peu dangereuse pour l'homme et les grands vertébrés, cette morsure leur est néanmoins douloureuse.

La famille des soricidés compte plus de 200 espèces différentes. On en rencontre 8 au Québec, dans les Maritimes et en Ontario: la musaraigne cendrée, la musaraigne palustre, la musaraigne fuligineuse, la musaraigne arctique, la musaraigne de Gaspé, la musaraigne longicaude, la musaraigne pygmée et la grande musaraigne.

musaraigne de Gaspé	musaraigne longicaude	musaraigne pygmée	grande musaraigne	
9,5-12	11-13	7,5-10	9,5-13,5	Long. totale *(cm)*
4,7-5,5	5-6	2,5-3,5	1,7-3	Long. de la queue *(cm)*
3-5	5-6	2,2-6,5	12-27	Poids *(g)*
5/5	5/5	5/5	5/5	Doigts/orteils
			1 1/2	Maturité sexuelle ♀ *(mois)*
avril-mai	avril-juil.	mai-sept.	mars-sept.	Rut
21*			21	Gestation *(jours)*
avril-juin*	avril-juil.	mai-sept.	avril-sept.	Parturition
2-5*	2-5	5-7	4-5 [3-9]	Jeune(s)/portée
2*	2-3	1-2	2-3	Portée(s)/année
16*	14-18	14	18	Longévité *(mois)* en liberté

Musaraigne cendrée

Sorex cinereus
Masked shrew, cinereous shrew

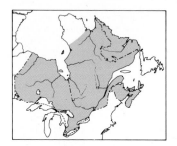 

On la rencontre aussi dans l'est de la Sibérie.

Elle habite des milieux humides au couvert végétal important, souvent à proximité d'une source d'eau: vieux boisés, marécages, régions broussailleuses. La population, dont la densité varie de 1 à 18 individus/ha, fluctue d'une année à l'autre. La musaraigne cendrée a un domaine de 0,05 ha.

Elle gîte au creux d'une sphère de feuilles et d'herbes sèches (diam. 4-6 cm) aménagée le plus souvent sous une bûche, dans une bille creuse ou dans un amoncellement de végétation. Peu encline à creuser des terriers à moins que le sol ne soit très meuble, la musaraigne cendrée recourt plus volontiers à ceux d'autres petites espèces. De même, elle circule tant dans les petits sentiers d'autres musaraignes ou de souris que dans les siens.

Active durant tout l'hiver.

De jour comme de nuit, elle fait alterner les courtes périodes d'activité et de repos. Elle s'affaire toutefois davantage à l'aube et au crépuscule.

Solitaire et très territoriale, elle n'apprécie guère les intrusions de ses congénères qu'elle chasse férocement. Elle ne tolère pas davantage les individus d'autres espèces.

Mâles et femelles ne se tolèrent que durant la période de reproduction. Les jeunes pèsent 0,15 g à la naissance, ils sont nus et leurs yeux s'ouvrent 17 à 20 jours plus tard; sevrés à l'âge de 3 ou 4 semaines, ils partent alors s'établir ailleurs.

Insectes et larves d'insectes tels que papillons de nuit, mites, scarabées, araignées, de même que limaces et escargots composent en grande partie son régime. À l'occasion, elle y ajoute quelques petits

mammifères, entre autres des musaraignes et des petits rongeurs, ainsi que des amphibiens et des végétaux. Elle consomme quotidiennement plus que l'équivalent de son poids.

Principalement terrestre, elle creuse à l'occasion, mais ses membres antérieurs ne possèdent pas la puissance des véritables fouisseurs.

Brunâtre sur le dos, la robe est légèrement argentée sur le ventre. La queue est longue; le pavillon de l'oreille est petit, mais présent.

Elle possède 5 dents unicuspides, derrière les incisives médianes supérieures.

La musaraigne cendrée compte parmi ses prédateurs des oiseaux de proie, des carnivores dont la belette, le renard roux et le lynx roux, des musaraignes de taille supérieure et quelquefois, des couleuvres et des hérons. Souvent les chats la tuent sans pour autant la manger, à cause de son odeur répugnante.

Elle se rend fort utile en consommant une grande quantité d'insectes nuisibles à la culture et aux récoltes.

On aperçoit rarement ce discret petit mammifère, car il n'ose s'aventurer à découvert que la nuit. Il est pourtant l'un des plus nombreux et des plus répandus en Amérique du Nord. On pourrait presque le considérer comme annuel, car il ne vit en moyenne que 14 mois. En captivité, on a enregistré le record de 23 mois.

Musaraigne palustre

Sorex palustris
Water shrew
Musaraigne aquatique

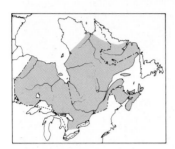 

Elle habite des terrains très humides, à proximité de cours d'eau: marécages, couverts de mousse de sphaigne, forêts denses...

La musaraigne palustre gîte dans un nid d'herbes et de brindilles sèches en forme de sphère (diam. 10 cm) qu'elle aménage sous une souche, parmi les pierres ou dans une anfractuosité au sol. Elle multiplie les abris de ce genre sur son territoire. Cette musaraigne évolue tant à la surface du sol et dans des galeries superficielles qu'à travers la neige et dans l'eau.

Active tout l'hiver.

Nuit et jour, elle fait alterner les périodes brèves d'activité (1/2 h) et de repos (1 h). Lorsqu'elle s'affaire, elle manifeste cependant une préférence pour l'heure précédant le lever du jour et les heures suivant le crépuscule.

Elle est solitaire et peu territoriale.

La femelle redevient en chaleur peu après la mise bas. Elle sèvre ses jeunes à l'âge de 3 ou 4 semaines et ils partent alors s'établir ailleurs. Si la densité de population est faible, les jeunes femelles s'accouplent dans l'année de leur naissance, sinon elles ne connaissent leur premier œstrus qu'au printemps suivant.

Insectes et larves aquatiques, vers, petits poissons et amphibiens composent son régime. Elle stocke de la nourriture dans des caches et va même jusqu'à piller celles d'autres espèces.

La musaraigne palustre est fort bien adaptée à la vie en milieu aquatique et ses particularités physiques font d'elle une excellente nageuse. En effet, sa fourrure emprisonne l'air à tel point qu'à la nage, elle donne littéralement l'impression de courir à la surface de

l'eau; et lorsqu'elle plonge, elle refait surface comme un bouchon de liège. De plus, ses pattes postérieures ont une surface portante exceptionnellement grande: elles sont palmées entre les orteils médians et prolongées par une frange de longs poils raides qui retiennent les bulles d'air. Cette frange de poils, la musaraigne palustre l'utilise aussi en guise de peigne pour lisser sa fourrure.

 D'un brun très foncé dans l'ensemble, la robe présente des reflets argentés sur le ventre. Le pavillon de l'oreille est bien développé.

 La frange de poils raides de ses membres postérieures la distingue sans équivoque de ses congénères. Elle possède 4 dents unicuspides.

 La musaraigne palustre doit se méfier de plusieurs carnivores, dont la belette, le vison et la loutre, des oiseaux de proie et de gros poissons tels que le brochet et la truite. Elle a cependant peu de véritables prédateurs.

 Espèce rare et discrète qu'on n'a pas souvent l'occasion d'observer dans la nature. Elle occupe des terrains d'intérêt marginal pour l'homme avec qui elle a peu de rapports. Il lui arrive cependant de se nourrir d'oeufs et d'alevins dans les piscicultures.

Musaraigne fuligineuse

Sorex fumeus
Smoky shrew

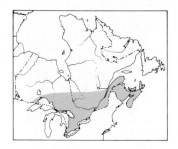 

Elle habite les forêts de feuillus ou d'essences mixtes assez humides où elle trouve des sols très meubles composés surtout d'humus ou de mousse et recouverts d'une épaisse couche de feuilles. La population semble fluctuer d'une année à l'autre.

Elle gîte au creux d'un nid sphérique fait de végétation sèche et abrité dans un terrier (prof. 10-20 cm) dont l'ouverture débouche aussi bien le long d'un cours d'eau qu'au pied d'une souche ou d'un gros arbre. Peu encline à creuser des terriers même dans un sol très meuble, cette musaraigne recourt volontiers à ceux d'autres petites espèces. Elle voyage à la surface du sol, dans des galeries superficielles ou sous la neige.

Active durant tout l'hiver.

De jour comme de nuit, elle fait alterner les périodes brèves d'activité et de repos.

Le fait qu'elle abonde localement à certaines époques permet de supposer que la musaraigne fuligineuse vit en petites colonies. Le mâle et la femelle possèdent des glandes latérales sécrétrices de musc.

La musaraigne fuligineuse se nourrit surtout d'insectes et de larves d'insectes, mais elle se repaît aussi de vers de terre et de mollusques. Elle attrape quelquefois un petit mammifère, un oiseau ou un amphibien.

Plutôt brune en été et grisâtre en hiver, la robe est généralement plus pâle sur l'abdomen et les pattes. Le pavillon de l'oreille est bien développé.

≠ Elle possède 5 dents unicuspides. Elle ressemble beaucoup à la musaraigne cendrée, bien qu'elle soit un peu plus grande; sa robe est aussi plus foncée et le pavillon de son oreille plus développé.

✗ Oiseaux de proie, grande musaraigne, renard et lynx roux comptent parmi ses prédateurs.

✿ Elle rend service par la quantité d'insectes nuisibles dont elle débarasse nos forêts.

Musaraigne arctique

Sorex arcticus
Arctic shrew, saddle-backed shrew
Musaraigne du nord

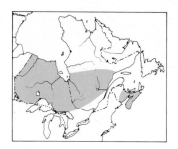 

On la rencontre aussi dans l'est de la Sibérie.

Elle vit en marge des tourbières, des marécages, des étangs et des marais. Elle a une densité de population de 1 à 4 individus/ha et un domaine d'environ 0,05 ha.

Elle aménage, sur l'étendue de son domaine, de multiples nids sphériques faits de végétation sèche. Elle circule dans ses sentiers et dans ses galeries, ou dans ceux de rongeurs plus gros qu'elle.

Active durant tout l'hiver.

Elle fait alterner, le jour autant que la nuit, les périodes brèves d'activité et de repos.

On lui prête des instincts territoriaux.

Elle se nourrit principalement d'insectes et de larves d'insectes tels que chenilles, mille-pattes et coléoptères.

La robe de la musaraigne arctique est tricolore, soit brun très foncé sur le dos, brun clair sur les flancs et grisâtre sur le ventre. Le pavillon de l'oreille est bien développé.

Cette espèce est la seule de nos musaraignes qui arbore une robe tricolore. Elle possède 5 dents unicuspides.

Quelques oiseaux de proie et quelques carnivores dont la belette et le renard en font leur pâture.

La musaraigne arctique se rend très utile par la quantité d'insectes nuisibles qu'elle détruit. Contrairement aux autres musaraignes, elle manifeste peu d'agressivité lorsqu'on la manipule.

Musaraigne de Gaspé

Sorex gaspensis
Gaspé shrew

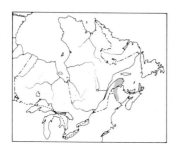 

On la rencontre surtout dans les forêts de conifères, à proximité des cours d'eau. Elle recherche les dépressions fraîches, humides, parmi les pierres et sur les terrains en pente.

Elle élabore son réseau de galeries dans l'épaisseur de la mousse, de l'humus ou des feuilles, souvent à même une pente ou à l'abri de grosses pierres.

Son régime se compose en grande partie d'insectes et de larves d'insectes comme les mille-pattes, les coléoptères et les araignées.

La musaraigne de Gaspé arbore une robe d'un gris foncé uniforme.

Elle possède 5 dents unicuspides.

On connaît fort mal la musaraigne de Gaspé, d'autant plus qu'elle est très rare. Il existe une parenté étroite entre elle et la musaraigne longicaude dont elle pourrait bien être une sous-espèce.

Musaraigne longicaude

Musaraigne longicaude

Sorex dispar
Long-tailed shrew, rock shrew
Musaraigne à longue queue

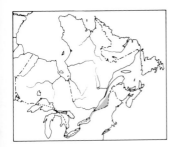

🌲 Elle habite les forêts de conifères ou d'essences mixtes, denses et ombragées. On la rencontre surtout en terrain rocailleux, dans des milieux humides et frais.

🏠 Elle élabore son réseau de galeries dans l'épaisseur de la mousse, de l'humus ou des feuilles, souvent à même une pente ou à l'abri de grosses pierres.

🐛 Insectes et autres petits invertébrés composent son régime.

🦔 D'une teinte uniforme en hiver, sa robe gris foncé est légèrement plus claire sur le ventre en été.

🦷 Elle possède 5 dents unicuspides.

🏠 La limite nord de son aire de distribution chevauche à peine la frontière du sud-est du Québec et celle du Nouveau-Brunswick. Ses habitudes de vie ne nous sont guère connues car c'est une espèce rare que peu de gens ont eu la chance d'observer (voir musaraigne de Gaspé).

Musaraigne pygmée

Microsorex hoyi
Pygmy shrew

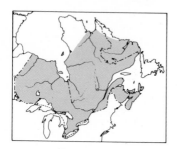

Elle habite boisés ou éclaircies, en milieu humide ou sec, généralement près d'une source d'eau. On la rencontre entre autres dans
les fourrés, les tourbières à sphaigne et les marécages.

Elle gîte au creux d'une sphère d'herbes et de feuilles sèches
qu'elle aménage dans un lit d'humus de feuilles bien tassé. La
musaraigne pygmée abrite généralement son nid sous un rocher,
une souche, une bille pourrie ou encore sous un épais tapis de feuilles. L'ouverture par laquelle elle se glisse laisse à peine passer un
gros insecte ou un ver de terre. Elle circule dans les terriers de
musaraignes plus grandes ou de campagnols, dans des sentiers de
surface, et même sur la neige.

Active durant tout l'hiver.

Nuit et jour, ses courtes périodes d'activité et de repos se succèdent en alternance.

On la connaît mal. Son mode de vie ressemblerait à celui de la
musaraigne cendrée.

Elle se nourrit surtout de petits invertébrés, des insectes et des larves en grande partie, mais aussi de vers de terre, de limaces et de
limaçons. À l'occasion, elle se repaît de carcasses d'animaux
morts. Elle tue les sauterelles en les mordant et en leur tirant sur la
tête et la région abdominale.

Vive et agile, elle grimpe, saute et nage avec aisance. Ses glandes
cutanées latérales sécrètent une substance à forte odeur de musc
quand elle est excitée.

Sa robe grise ou brunâtre est plus claire sur le ventre. L'oreille porte
un pavillon bien développé.

Même si elle possède une queue plus courte, son apparence externe ne peut suffire à distinguer la musaraigne pygmée de la musaraigne cendrée. L'examen à l'oeil nu de sa mâchoire supérieure révèle 3 dents unicuspides, contrairement à 4 ou 5 bien visibles chez nos autres musaraignes, et il faut recourir à la loupe pour apercevoir les 3e et 5e unicuspides.

Oiseaux de proie, petits carnivores et couleuvres en font leur pâture.

Très rare, cette espèce a peu d'influence sur l'environnement. Sa morsure cause une légère sensation de picotement, mais ne perce pas la peau de l'homme.

Peu de gens ont eu l'occasion d'observer ce petit mammifère, l'un des plus rares en Amérique du Nord; aussi connaît-on mal ses habitudes. C'est le plus petit mammifère du Nouveau Monde et l'un des plus petits du globe.

Grande musaraigne

Blarina brevicauda
Short-tailed shrew
Musaraigne à queue courte

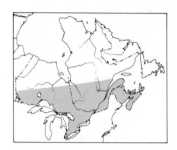 

Elle habite les forêts denses, les terres en friche, les marais et les marécages. Elle apprécie particulièrement les milieux humides qui lui offrent un sol meuble, recouvert d'une végétation dense. La population fluctue beaucoup d'une année à l'autre au sein de cette espèce. Sa densité varie de 1 à 25 individus/ha et peut même aller jusqu'à 50 individus/ha dépendant de la qualité de l'habitat. Elle vit sur un domaine d'environ 0,2 à 0,5 ha.

Elle gîte au creux d'une sphère composée d'herbes, de feuilles sèches et de poils (diam. 15-20 cm) qu'elle aménage dans un terrier (prof. 20-30 cm) muni d'une entrée ovale (diam. 2,5 cm). Elle creuse généralement son terrier à l'abri d'une souche, d'une bille ou d'une grosse roche enfouie dans le sol, mais il lui arrive aussi de remanier les terriers abandonnés de taupes ou de petits rongeurs. Sur l'ensemble de son territoire, elle dispose de plusieurs nids lui servant tour à tour de gîte et d'aire de repos. Pour circuler, la grande musaraigne aménage des sentiers de surface ou creuse des galeries sous la végétation d'herbes ou de mousses, sous les feuilles ou sous la neige. Elle emprunte aussi les galeries d'autres petites espèces.

Active durant tout l'hiver.

Nuit et jour, ses périodes brèves d'activité (1 h) et de repos (1 1/2 h) se succèdent en alternance. Elle connaît cependant des moments d'activité plus intenses aux petites heures du matin et à la fin de l'après-midi.

Cette espèce territoriale possède des glandes cutanées latérales et abdominales sécrétrices d'un musc dont l'odeur intervient dans les relations sociales. Pour décourager les intrus à la recherche d'une

compagne, le mâle marque son territoire de ces sécrétions. Lorsque deux individus se rencontrent, de violents combats s'ensuivent. Ils prennent généralement fin quand l'un des adversaires se retourne sur le dos en signe de soumission et laisse l'autre s'éloigner. La grande musaraigne étant moins solitaire que les autres espèces, il semble que des liens plus ou moins permanents puissent s'établir entre partenaires.

Durant la saison de reproduction, les glandes cutanées latérales augmentent de volume, en particulier chez les mâles. Mâles et femelles établieraient des liens relativement stables. Les petits sont nus et pèsent 0,8 g à la naissance; ils sont sevrés à l'âge de 3 semaines.

La grande musaraigne se nourrit surtout d'insectes, mais aussi de vers de terre, de petits mollusques, de crustacés, d'amphibiens, notamment les grenouilles, et de quelques petits mammifères comme les musaraignes et les petits rongeurs. Elle consomme aussi quelques végétaux, les champignons souterrains du genre *Endogone* en particulier. Cette musaraigne mord ses victimes à la face ou à la gorge et leur inocule en même temps une substance paralysante produite par ses glandes salivaires. Elle les transporte ensuite jusqu'à son nid pour les manger. Elle stocke des limaçons et des scarabées dans ses galeries ou dans des caches à la surface du sol.

La grande musaraigne est la plus fouisseuse de nos musaraignes, grâce à son nez robuste et à ses puissantes pattes antérieures. Son odorat très fin lui permet de sentir la chair même à travers une épaisse couche de neige. Ses glandes salivaires sous-maxillaires sécrètent une substance toxique qui agit sur le système nerveux de ses victimes et les paralyse; il existerait une analogie entre son venin et celui du cobra.

Sa robe d'un gris foncé est à peine plus claire sur le ventre. La queue est courte et le pavillon de l'oreille à peine ébauché.

À l'oeil nu, l'examen de la mâchoire supérieure ne révèle que 4 dents unicuspides; à la loupe, on en aperçoit une 5e.

Elle n'échappe pas à plusieurs oiseaux de proie, en particulier aux hiboux, ni à certains carnivores tels que la belette, le coyote, le renard roux et le lynx. Le chien et le chat la tuent sans toutefois la manger à cause de son odeur nauséabonde.

Elle détruit une quantité considérable d'insectes nuisibles à la végétation et se rend ainsi fort utile. Le venin de ses glandes salivaires ne représente pas un danger sérieux pour l'homme, mais lui inflige néanmoins une douleur et une enflure qui persistent quelques jours.

La grande musaraigne est l'un des petits mammifères les plus répandus, tant chez nous que dans toute l'Amérique du Nord.

Famille des **TALPIDÉS**

Les taupes mènent une vie principalement souterraine, en parfaite harmonie avec leur conformation de fouisseuses. Elles circulent aisément et rapidement dans leurs étroites galeries grâce à leur corps trapu et fusiforme: museau pointu, tête massive sans cou, membres courts, bassin étroit. Leur fourrure se lisse en tous sens, ce qui leur permet d'avancer ou de reculer sans peine, même dans un espace restreint. Le membre antérieur, robuste et musclé, est beaucoup plus gros que le postérieur. Il possède une paume large, orientée vers l'extérieur et vers l'arrière, et de puissantes griffes, longues et plates. Cette véritable pelle creuse le sol à l'aide de son bord intérieur coupant, puis ramène la terre vers l'arrière. Les yeux de la taupe, de la grosseur de la tête d'une épingle, ne distinguent que les variations d'intensité lumineuse. L'oreille, dont l'orifice est protégé de la poussière par un poil dense, ne porte pas de pavillon. Les mâles ont une taille égale ou légèrement supérieure à celle des femelles.

	taupe à queue velue	condylure étoilé
Long. totale *(cm)*	15-17	16-21
Long. de la queue *(cm)*	2,3-3,6	5,8-8,8
Poids *(g)*	40-64	35-77
Doigts/orteils	5/5	5/5
Maturité sexuelle ♀ *(mois)*	10	10
Rut	mars-avril	février-mai
Gestation *(jours)*	28-36	45
Parturition	avril-mai	avril-juin
Jeune(s)/portée	4-5 [1-7]	5 [2-7]
Portée(s)/année	1 [2]	1
Poids à la naissance *(g)*	9-9,5	1,5
Sevrage *(semaines)*	4	3
Longévité *(ans)* en liberté	3-4	2-3

[ ] quelquefois

Les taupes vivent dans des galeries souterraines dont la profondeur varie selon les fins auxquelles elles sont destinées, le gîte ou la chasse. Les galeries de chasse sont parfois si superficielles qu'elles forment des sillons visibles à la surface du sol. Les taupes les remanient constamment et les déplacent vers les aires où la nourriture est plus abondante. Les vers de terre par exemple, qui composent à 90% près le régime de plusieurs espèces, sont attirés par les labours ou la chute des feuilles suivie de pluie. Ils remontent alors massivement vers la surface où ils trouvent une nourriture abondante et un degré d'humidité adéquat. Les taupes savent profiter de ces circonstances. Par contre, elles creusent suffisamment en profondeur (20-75 cm) le réseau de galeries qui leur sert de gîte pour le soustraire au gel. Elles y séjournent presque à temps plein en hiver. Dans la galerie la mieux protégée des inondations, elles déblaient et façonnent une cavité ovoïde; cette cavité devient la chambre du terrier autour de laquelle pivote leur univers. Une taupe peut creuser de 3 à 6 m/h et jusqu'à 50 m en une nuit. Si elle creuse en sol très léger, elle peut tasser la terre sur les parois de ses couloirs; mais la plupart du temps, elle la refoule par des puits vers la surface et ces rejets de terre forment des petits monticules ou taupinières (haut. 15-25 cm, diam. 18-36 cm) qui nous révèlent sa présence. Les nombreux couloirs (diam. 3-6 cm) alimentent le terrier en air et les puits par lesquels elle évacue le trop-plein de terre servent d'orifices de drainage ou de sorties de secours selon le cas.

Sur les 20 espèces répertoriées dans la famille des talpidés, 2 seulement habitent le Québec, les Maritimes et l'Ontario: la taupe à queue velue et le condylure étoilé.

Taupe à queue velue

Parascalops breweri
Hairy-tailed mole, Brewer's mole

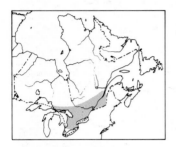

△ Elle choisit des milieux au sol meuble et bien drainé, de préférence les terres sablonneuses offrant un bon couvert végétal. Elle évite les extrêmes, soit des milieux au sol très humide ou très sec, et les terres lourdes, argileuses, difficiles à creuser. La densité de sa population varie de 2 à 15 individus/ha et elle vit sur un domaine d'environ 0,1 ha.

⌂ Elle aménage dans la chambre (diam. 15 cm) du terrier, de 20 à 50 cm sous la surface, un nid sphérique composé d'herbes et de feuilles mortes. Elle tient son terrier très propre et accumule les détritus à la sortie. La taupe à queue velue développe et entretient un réseau de galeries parfois très élaboré que souris, campagnols et taupes avoisinantes ne se gênent pas d'emprunter. Elle ne vit que 3 ou 4 ans, mais il n'est pas rare que plusieurs générations successives fassent usage du même terrier.

❄ L'hiver, elle s'affaire dans ses galeries les plus profondes, sous le niveau du gel.

☽ De jour comme de nuit, elle fait alterner périodes d'activité et de repos. Elle préfère cependant profiter de la nuit pour s'aventurer à la surface.

🐾 La taupe à queue velue est solitaire et très territoriale.

♀ Au temps du rut, la sécrétion des glandes pectorales est abondante et les mâles, très querelleurs entre eux, envahissent les territoires des femelles. Les accouplements ont lieu dans les galeries, rarement à la surface. La femelle, dont l'orifice génital ne s'ouvre qu'en saison de reproduction, met bas en avril ou en mai dans la chambre du terrier où elle élève ses petits. Ceux-ci naissent sans poils. Sevrés vers l'âge de 4 semaines, ils sont aussitôt autonomes et commencent à circuler dans les galeries.

 Elle se nourrit en grande partie de vers de terre et de·divers insectes: fourmis, coléoptères, larves, etc. Elle mange jusqu'à 3 fois l'équivalent de son poids en une journée. À l'approche de l'hiver, elle emmagasine des réserves de vers qu'elle paralyse par une morsure.

Des touffes de vibrisses, une paire de chaque côté de la face et une autre au-dessus des orifices auriculaires, de même que les poils raides de ses poignets, accentuent sa sensibilité tactile. Excellente fouisseuse, elle creuse à une vitesse incroyable.

D'un gris foncé presque noir dans l'ensemble, la robe est plus claire sur le ventre; elle comporte parfois des taches blanches. La queue est courte et couverte d'un poil dense et raide.

Elle tombe parfois entre les pattes du chat, d'un oiseau de proie le plus souvent nocturne, du renard roux, de la belette, ou d'un autre carnivore. Son odeur nauséabonde répugne aux prédateurs et souvent le chat la tue, mais ne la mange pas.

Il arrive que ses taupinières endommagent terrains de golf et parterres, mais elle se rend utile en mangeant quantité d'insectes nuisibles et en aérant le sol de ses galeries.

Condylure étoilé

Condylura cristata
Star-nosed mole
Taupe à nez étoilé

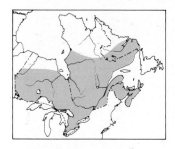

⛰ Il habite tout milieu au sol meuble et très humide, de préférence en bordure de lacs, rivières, étangs, marais ou autre source d'eau. De 5 individus/ha en moyenne, sa densité de population peut atteindre 25 individus/ha dans les milieux marécageux. Il vit sur un domaine d'environ 0,5 ha.

🏠 Il gîte au creux d'une sphère (diam. 12 cm) d'herbes et de feuilles, aménagée dans la chambre du terrier. Son réseau de galeries est construit dans un sol d'alluvions humide et très meuble. Ses sorties, dont l'ouverture est légèrement ovale (diam. 4-6 cm), débouchent soit à la surface du sol, soit dans l'eau. La galerie qui mène à la chambre du terrier est toutefois élaborée en terrain plus sec, bien au-dessus du niveau de l'eau, souvent à même une butte. En plus d'évoluer dans son terrier, le condylure étoilé fourrage à la surface du sol la nuit, sur ou sous la neige en hiver, et très souvent dans l'eau.

❄ Actif durant toute l'année.

🌙 Il s'affaire tant de jour que de nuit, mais profite de la nuit pour s'aventurer à la surface.

🐾 Contrairement à la plupart des taupes, le condylure est plutôt grégaire et vit en petites colonies.

♂ À l'approche du rut, au printemps, les sécrétions glandulaires du condylure s'accroissent et sa queue triple ou quadruple de volume car des réserves de graisse s'y sont accumulées au cours de l'hiver. En avril ou en mai, à l'approche de la parturition, les couples qui souvent s'étaient formés dès l'automne se dissocient et la femelle met bas dans la chambre du terrier où elle élève seule ses

petits. En venant au monde, les rejetons du condylure sont nus, mais affichent déjà un petit nez étoilé. Ils quitteront le nid à l'âge de 3 semaines, autonomes et aptes à la chasse.

Le condylure étoilé se nourrit d'insectes aquatiques, de crustacés, de petits poissons, de sangsues, de vers de terre et de larves. Il avale au passage les petits invertébrés qu'il rencontre lors de ses travaux de galerie. Il fourrage aussi le fond des étangs et des cours d'eau d'où il tire une bonne part de son alimentation. Les tentacules de son nez caractéristique l'aident à dénicher sa nourriture; toujours en mouvement, ceux-ci se regroupent et s'immobilisent lorsqu'il mange. L'hiver, le condylure dépend davantage de l'eau pour sa subsistance, car le gel rend le sol plus difficile à creuser.

Le toucher compense la vue médiocre du condylure: 22 projections tactiles très sensibles rayonnent du pourtour de son groin et, à l'exception de 2 médianes pointées vers l'avant, elle sont toujours en mouvement. Elles le renseignent sur le milieu environnant, l'aident à trouver nourriture et chemin et, lorsqu'il fouit, elles se replient sur les narines pour l'empêcher de respirer la poussière. Excellent nageur et plongeur, le condylure peut rester submergé plusieurs secondes. Il se déplace dans l'eau en synchronisant le mouvement de ses pattes et de sa queue. Ses membres antérieurs, rattachés directement à la base de la tête, agissent comme de véritables nageoires. Cette taupe est moins fouisseuse que d'autres espèces.

Sa robe est d'un brun foncé presque noir. La queue, au pelage plus clairsemé, mesure environ le tiers de sa longueur totale.

Son nez étoilé nous révèle automatiquement son identité.

Les oiseaux de proie nocturnes surtout, les gros poissons tels que le brochet ou l'achigan et à l'occasion certains carnivores (moufette, belette, vison, renard roux, chien et chat) s'attaquent au condylure. Cependant, son odeur nauséabonde n'attire guère les prédateurs et il a peu de véritables ennemis.

Il occupe en général des terrains très humides, peu propices à la culture, mais il lui arrive quelquefois d'endommager les racines d'arbres ou les terrains de golf. Néanmoins l'essentiel de son activité est bénéfique, car il mange quantité d'insectes nuisibles et aère le sol de ses galeries.

 Ordre des Chiroptères

 Famille des Vespertilionidés
petite chauve-souris brune
chauve-souris de Keen
chauve-souris pygmée
pipistrelle de l'est
grande chauve-souris brune
chauve-souris argentée
chauve-souris rousse
chauve-souris cendrée

Ordre des **CHIROPTÈRES**

Seuls mammifères adaptés au vol, les chauves-souris envahissent, la nuit, l'espace aérien que les oiseaux monopolisent le jour. Avec leurs mains ailées cependant, elles ne battent pas l'air à la façon des oiseaux, mais donnent plutôt l'impression de nager, car elles composent un mouvement circulaire où l'extrémité de leurs ailes dessine un parcours elliptique. Leur membre antérieur est transformé en aile véritable appelée membrane alaire ou patagium: une double membrane de peau fine relie en effet tous les longs doigts de la main, à l'exclusion du pouce, et parcourt ensuite toute la longueur du corps pour rejoindre le membre postérieur.

Les chauves-souris se dirigent dans l'obscurité par écholocation: elles interprètent l'écho des ultrasons qu'elles émettent. Ces sons imperceptibles à l'oreille humaine, transmis par la gueule ou les narines selon l'espèce, proviennent du larynx ou d'un claquement de langue. Outre les ultrasons, les chauves-souris émettent aussi des sons audibles à l'homme durant la saison des amours ou lorsqu'elles sont dérangées. Elles se reconnaîtraient entre elles au son de leur «voix».

Au repos, les chauves-souris se suspendent solidement la tête en bas grâce à leurs membres postérieurs munis de griffes robustes; cette posture leur permet d'ailleurs un envol rapide. Comme elles conservent beaucoup moins bien leur température corporelle que la plupart des autres mammifères, en particulier lorsqu'elles sont immobiles, elles replient leurs ailes autour de leur corps afin de réduire la perte de chaleur et conserver ainsi une température corporelle au-dessus de la température ambiante. S'il fait trop chaud, elles peuvent adopter l'attitude inverse et déployer leurs ailes. Toutes ont le corps recouvert de fourrure ainsi qu'une partie plus ou moins grande des ailes.

Les chauves-souris ne se tiennent la tête en haut que durant de courts moments, soit pour grimper, uriner ou déféquer. Elles s'aident alors de leur pouce qui, libre et mobile, fonctionne comme un crochet et leur permet de s'agripper. Au sol, la plupart se déplacent gauchement, les ailes repliées, en prenant appui sur le ventre et les extrémités de leurs membres.

Le régime alimentaire des chiroptères est composé d'insectes pour les insectivores, de chair pour les carnivores, de poisson pour les piscivores, de sang pour les hématophages, de fruits pour les frugivores, de nectar et de pollen pour les nectarivores ou les pollinivores. On a dénombré environ 850 espèces de chiroptères réparties en 18 familles; la seule famille représentée sous nos latitudes est celle des Vespertilionidés.

Famille des **VESPERTILIONIDÉS**

Les vespertilionidés sont les chauves-souris les mieux adaptées au vol. Un prolongement de leur membrane alaire, l'uropatagium ou membrane interfémorale, relie les membres postérieurs à la queue et augmente la surface portante des ailes. Leur vol lent et agile a une allure zigzaguante attribuable à une série de manoeuvres adroites pour capturer les insectes dont elles se nourrissent.

Ces chauves-souris ont de petits yeux et une vue faible, mais elles ne sont pas aveugles comme on a pu le croire longtemps. Comme les autres chauves-souris, elles s'orientent et évitent les obstacles grâce à l'écholocation, une vision acoustique de leur environnement. Elles possèdent une ouïe très fine et une excellente mémoire acoustique. L'oreille au large pavillon et le tragus hypertrophié augmentent leur acuité auditive. En même temps qu'elles émettent leurs sons, par l'intermédiaire du larynx à travers la gueule à peine entrouverte, elles contractent les muscles de l'oreille moyenne; elles évitent ainsi de percevoir simultanément l'émission de leurs sons et leur écho. Imperceptibles à l'oreille humaine, ces impulsions sonores ou ultrasons de 30 000 à plus de 100 000 vibrations par seconde[1] sont émises de 20 à 250 fois par seconde, suivant la distance de l'obstacle, et frappent les objets pour être ensuite réfléchies. À la manière d'un radar, les oreilles très mobiles de la chauve-souris captent cet écho, lui permettant ainsi de déterminer la position, la distance et la nature des obstacles sur son chemin. Lorsque celle-ci perçoit un insecte en vol, il lui suffit bien souvent d'une demi-seconde pour le capturer.

L'odorat et le goût des vespertilionidés sont bien développés. Exclusivement insectivores, ces chauves-souris consomment en une nuit plus du quart de leur poids en insectes. Elles les capturent en plein vol avec la gueule, la membrane alaire ou la membrane interfémorale. La membrane alaire porte à la gueule les proies percutées en vol; la membrane interfémorale, repliée en forme de filet, retient la victime qui sera saisie avec la gueule. Beaucoup d'espèces préfèrent chasser au-dessus des étendues d'eau où les insectes abondent tout particulièrement. Nos chauves-souris ont besoin

---

1. L'homme n'entend que les sons dont la fréquence est comprise entre 20 et 20 000 vibrations par seconde.

pour subsister d'une quantité d'eau considérable à cause de la grande surface d'évaporation de leur membrane alaire. Comme les hirondelles, elles s'abreuvent en effleurant la surface de l'eau, généralement avant leur chasse nocturne. Cette même raison incite les chauves-souris hibernantes à choisir en hiver des grottes dont le degré d'humidité relative est très élevé.

Dotées d'un système thermorégulateur plutôt médiocre, nos chauves-souris demeurent homéothermes (c'est-à-dire qu'elles peuvent conserver leur chaleur interne) tant et aussi longtemps qu'elles sont actives. Au repos, durant le sommeil surtout, la température de leur corps s'abaisse progressivement à celle du milieu ambiant. L'hiver constitue donc pour elles une étape particulièrement critique. Aussi, tandis qu'une partie de nos espèces migre vers des régions plus clémentes, des États-Unis jusqu'au-delà du Mexique, les autres hibernent ici, ordinairement dans des cavernes où elles se suspendent au plafond, dans les crevasses ou anfrac-

Anatomie de la chauve-souris

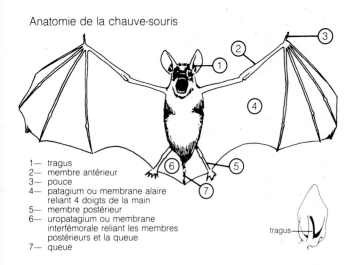

1— tragus
2— membre antérieur
3— pouce
4— patagium ou membrane alaire reliant 4 doigts de la main
5— membre postérieur
6— uropatagium ou membrane interfémorale reliant les membres postérieurs et la queue
7— queue

tragus

tuosités, hors d'atteinte de la majorité des prédateurs. Leur aire d'hibernation est relativement peu éloignée de leur aire d'été, bien que celles-ci puissent être distantes de 300 km. Elles reviennent généralement aux mêmes refuges d'année en année.

La chauve-souris en hibernation vit de ses réserves de graisse et son activité métabolique est réduite au minimum vital. Son rythme cardiaque, de l'ordre de 600 pulsations par minute en vol et de 300 par minute au repos, passe alors à 10 pulsations par minute, tandis que sa température corporelle, de 40 °C en période d'activité, tombe à quelques degrés près à la température ambiante. Elle réagit malgré tout aux stimuli externes en émergeant rapidement de sa léthargie. Au cours de la saison hibernale, elle s'éveille à plusieurs reprises, pour des périodes plus ou moins prolongées; elle s'abreuve alors souvent et élimine ses déchets métaboliques. Mais une chute de la température ambiante provoquant une baisse de sa température corporelle sous le point de congélation entraîne généralement sa mort, sauf si elle peut se réveiller avant et hausser l'activité de son métabolisme. Encore là, si cette période de froid se prolonge ou, dans le cas contraire, s'il fait assez chaud pour l'empêcher de sombrer dans le sommeil hibernal, la chauve-souris épuise rapidement toutes ses réserves de graisse et meurt d'inanition.

	petite chauve-souris brune	chauve-souris de Keen	chauve-souris pygmée	pipistrelle de l'est
Long. totale *(cm)*	8-9,5	7,8-9	7,2-8,2	7,5-9
Long. de la queue *(cm)*	3,1-4	3,6-4,3	3-3,8	3,6-4,5
Long. des oreilles *(cm)*	1,3-1,5	1,4-1,9	1,1-1,3	1-1,4
Envergure des ailes *(cm)*	22-25	22-24	20-23	22-24
Poids *(g)*	6-12	6-9	3-9	3,5-8
Doigts/orteils	5/5	5/5	5/5	5/5
Maturité sexuelle ♀ *(mois)*	11	11	11	11
Gestation *(jours)*	50-60	50-60	50-60	50-60
Parturition	mai-mi-juil.	mai-mi-juil.	mai-mi-juil.	juin-mi-juil.
Jeune(s)/portée	1 [2]	1	1	2 [1]
Portée(s)/année	1	1	1	1
Longévité *(ans)* en liberté	6-9 [24]	5-8 [18]	5-8 [10]	5-8 [12]

[ ] quelquefois

La majorité de nos chauves-souris s'accouplent à l'automne, bien qu'il y ait aussi possibilité d'accouplement à l'hiver et au printemps. Néanmoins, la femelle n'ovule qu'au printemps. Le sperme est donc préservé tout l'hiver dans son système génital et la fécondation est différée jusqu'au printemps. Les mâles sont généralement de même taille ou un peu plus petits que les femelles. Peu après leur sortie d'hibernation, les femelles donnent naissance à des petits nus et aveugles. Elles les élèvent seules, tandis que les mâles occupent des abris distincts et plus frais. Pendant leurs trois premiers jours de vie, les nouveaux-nés sont entraînés dans les expéditions nocturnes de leur mère, solidement agrippés à la mamelle grâce à des dents pointues en forme de crochet et à des doigts munis d'ongles robustes. Ils prennent vite trop de poids et la mère les laisse sur place lors de ses sorties. Les petits volent à l'âge de trois ou quatre semaines et à huit semaines, ils sont sevrés et complètement indépendants.

On rencontre au Québec, dans les Maritimes et en Ontario, 8 espèces de vespertilionidés: la petite chauve-souris brune, la chauve-souris de Keen, la chauve-souris pygmée, la pipistrelle de l'est, la grande chauve-souris brune, la chauve-souris argentée, la chauve-souris rousse et la chauve-souris cendrée.

grande chauve-souris brune	chauve-souris argentée	chauve-souris rousse	chauve-souris cendrée	
10-12,5	9-11	9,3-12	13-15	Long. totale *(cm)*
4-5,2	3,7-5	4,5-6,2	5-6,5	Long. de la queue *(cm)*
1,4-1,8	1,2-1,6	1-1,2	1,7-1,9	Long. des oreilles *(cm)*
32-34	28-30	31-32	36-40	Envergure des ailes *(cm)*
11-21	6-11	7-14	25-31	Poids *(g)*
5/5	5/5	5/5	5/5	Doigts/orteils
8	11	11	11	Maturité sexuelle ♀ *(mois)*
50-60	50-60	50-60	50-60	Gestation *(jours)*
mi-mai-mi-juin	juin-mi-juil.	juin	juin	Parturition
2 [1]	2 [1]	2 [1-4]	2 [1-4]	Jeune(s)/portée
1	1	1	1	Portée(s)/année
5-9 [20]	5-8	5-8 [12]	4-8	Longévité *(ans)* en liberté

Petite chauve-souris brune

Myotis lucifugus
Little brown bat, little brown myotis

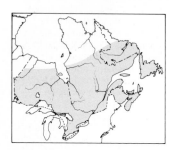 

△ Elle habite les régions boisées et le milieu urbain, près des rivières, lacs et étangs qui l'approvisionnent en eau et en insectes.

⌂ L'été, elle élit domicile dans les bâtiments de l'homme: clochers d'église, entre-toits, greniers, granges. Elle loge aussi dans les arbres creux, sous les écorces détachées et dans les cavernes. L'hiver, elle cherche refuge dans les cavernes et les galeries de mines.

❋ Elle hiberne de novembre au début de mai. Au cours de cette période, elle peut s'éveiller, voler, changer de position et même de caverne. Elle vit de ses réserves de graisse et s'abreuve souvent lorsqu'elle s'éveille.

☽ Nocturne, elle se dirige par écholocation.

🐾 Grégaire, elle vit en colonies de quelques individus à plusieurs centaines. L'été cependant, mâles et femelles ne partagent pas les mêmes refuges; les premiers choisissent des lieux frais, tandis que les dernières se regroupent dans des abris obscurs et chauds pour mettre bas. Ils se rassembleront de nouveau à l'automne en vue de l'hibernation.

♀ Mâles et femelles peuvent s'accoupler à l'automne au moment du rassemblement pour l'hibernation, pendant l'hibernation lorsqu'ils s'éveillent ou encore au printemps avant de quitter leurs habitats d'hiver. La fécondation a cependant toujours lieu au printemps, lors de l'ovulation de la femelle. Cette dernière met bas 1 petit (rarement 2) qu'elle élève seule. Ce petit pèse 2,5 g à la naissance et ses yeux s'ouvrent vers l'âge de 2 ou 3 jours. Durant ces premiers jours, accroché à une mamelle, il suit sa mère dans ses expéditions nocturnes, prenant soin d'adopter sur celle-ci une position transversale

pour ne pas nuire à son équilibre. Il commence à voler vers l'âge de 3 semaines.

Insectivore, elle se nourrit de coccinelles, de mouches, de papillons et d'autres insectes à corps mou. Au cours de ses vols nocturnes (20 km/h), elle peut capturer plus d'une centaine d'insectes en une seule nuit.

Brunâtre à reflet cuivré, le pelage est marqué de gris jaunâtre sur le ventre; une tache sombre et terne marque l'épaule.

Ses oreilles droites et allongées ne dépassent pas l'extrémité du nez lorsqu'elles sont repliées vers l'avant; le tragus est pointu et droit. La surface dorsale de la membrane interfémorale est pratiquement glabre.

Elle compte parmi ses prédateurs occasionnels l'homme, le hibou, le chien, le chat et quelques autres carnivores.

Elle joue un rôle important dans le contrôle des populations d'insectes. Cependant, ses fientes dégagent une odeur désagréable et plutôt incommodante lorsqu'elle décide de cohabiter avec nous.

La petite chauve-souris brune est la plus répandue de nos chauves-souris et celle que l'on rencontre le plus souvent en colonie dans nos bâtiments.

Chauve-souris de Keen

Myotis keenii
Keen's bat, Keen's myotis

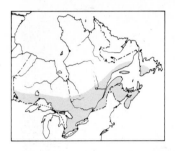

Elle fréquente rivières et clairières des régions boisées. Elle vit généralement loin de l'homme.

L'été, elle loge dans le creux des arbres ou sous les écorces libres, dans les buissons, les crevasses des rochers et les cavernes. L'hiver, elle se réfugie dans les cavernes et les galeries de mines.

De novembre au début de mai, elle hiberne dans des cavernes très humides, souvent à 100 km des refuges d'été. Sa léthargie est peu profonde tout comme celle de nos autres *Myotis.* Aussi peut-elle au cours de l'hiver s'éveiller, voler, changer de position et même de caverne.

Nocturne, elle se dirige par écholocation.

Elle vit en solitaire ou en petites colonies. L'été cependant, mâles et femelles gîtent dans des abris distincts tant que les jeunes ne sont pas autonomes. Ils se rassemblent à l'automne pour l'hibernation.

Mâles et femelles s'accouplent à l'automne au moment du rassemblement pour l'hibernation, ou au printemps avant de quitter leurs habitats d'hiver. Les spermatozoïdes restent viables dans l'utérus jusqu'au moment de la fécondation, quand la femelle ovule au printemps. Cette dernière met au monde 1 petit qu'elle élève seule. Les premières nuits, elle l'emmène dans ses expéditions nocturnes, puis elle le laisse au nid jusqu'à ce qu'il commence à voler, vers l'âge de 3 ou 4 semaines.

Insectivore, elle se nourrit de papillons, de mouches et d'autres petits insectes.

Brunâtre à reflet jaunâtre, le pelage est plus pâle sur le ventre. Il présente une tache sombre et terne sur l'épaule.

Les oreilles, droites et allongées, dépassent l'extrémité du nez de 4 mm lorsqu'elles sont repliées vers l'avant; le tragus est pointu et droit. La surface dorsale de la membrane interfémorale est pratiquement glabre.

Le hibou compte parmi ses rares prédateurs.

Elle joue un rôle important dans le contrôle des populations d'insectes.

La chauve-souris de Keen est plus rare que la petite chauve-souris brune; on n'a pas souvent l'occasion de l'observer.

Chauve-souris pygmée

Myotis leibii, Myotis subulatus
Small-footed bat, small-footed myotis, masked bat
Chauve-souris masquée

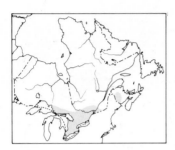 

△ Elle habite de préférence les régions boisées et montagneuses.

⌂ L'été, elle loge dans le creux des arbres ou sous leur écorce libre, dans les fentes des rochers, les cavernes, mais rarement dans les bâtiments. L'hiver, elle se réfugie dans les cavernes et les galeries de mines.

❋ Elle hiberne de la fin de novembre à la mi-avril. Contrairement aux autres espèces, elle supporte des températures particulièrement basses et loge donc généralement tout près de l'entrée de sa caverne, exposée aux courants d'air frais et sec. Comme nos deux autres *Myotis,* sa léthargie est peu profonde; aussi par temps doux se déplace-t-elle dans la caverne.

☾ Nocturne, elle se dirige par écholocation.

🐾 Elle vit en solitaire ou en petites colonies. À leur sortie d'hibernation, mâles et femelles s'envolent vers des refuges d'été distincts. Ils vivent séparément, jusqu'à ce que les jeunes soient autonomes, puis se rassemblent à l'automne en vue de l'hibernation.

♀ Mâles et femelles s'accouplent lors des rassemblements d'automne en vue de l'hibernation, pendant l'hibernation lorsqu'ils s'éveillent, ou encore au printemps avant de quitter leurs quartiers d'hiver. La fécondation a cependant lieu au printemps lors de l'ovulation de la femelle.

🐛 Insectivore, elle se nourrit surtout de mouches, de papillons et d'autres petits insectes qu'elle capture en vol. Elle chasse autour des arbres et des buissons.

Le pelage est d'un brun cuivré et la face traversée d'un masque noir.

Son masque noir la distingue de nos autres espèces. Les oreilles, droites et plutôt allongées, dépassent l'extrémité du nez de 1 mm lorsqu'elles sont repliées vers l'avant. Le tragus est pointu et droit. La surface dorsale de la membrane interfémorale est pratiquement glabre. Au repos, cette chauve-souris laisse ses ailes partiellement entrouvertes au lieu de les ramener près du corps.

Ses prédateurs sont peu nombreux.

Elle joue un rôle dans le contrôle des populations d'insectes.

C'est la plus petite *Myotis* d'Amérique. On la rencontre très rarement chez nous.

Pipistrelle de l'est

Pipistrellus subflavus
Eastern pipistrelle

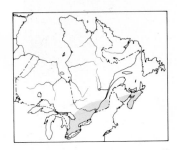 

Son aire de distribution s'étend jusqu'au nord de l'Amérique centrale.

Elle habite les régions boisées à proximité des étendues d'eau.

L'été, elle séjourne dans le feuillage des arbres, les crevasses rocheuses, les cavernes, et à l'occasion dans nos bâtiments, greniers ou granges. L'hiver, elle se réfugie dans les cavernes et les galeries de mines.

Elle hiberne de la mi-octobre à mai. Elle vit alors dans un état de profonde léthargie dont elle sort rarement avant le printemps. Comme elle résiste mal au froid, elle recherche dans ses quartiers d'hiver les recoins les plus chauds, les plus humides et les moins exposés aux courants d'air. Aussi la retrouve-t-on dans les galeries les moins accessibles.

Nocturne, elle sort assez tôt le soir. Elle se dirige par écholocation.

Les individus de cette espèce vivent en solitaires ou en petites colonies de mâles ou de femelles. L'été, les mâles choisissent des lieux frais tandis que les femelles se regroupent souvent dans des lieux obscurs et chauds pour mettre bas. La pipistrelle supporte le voisinage des chauves-souris rousses et argentées, mais pas celui des petites chauves-souris brunes.

Mâles et femelles s'accouplent à l'automne au moment du rassemblement pour l'hibernation et au printemps avant de quitter leurs quartiers d'hiver. La fécondation a cependant toujours lieu au printemps lors de l'ovulation de la femelle. Cette dernière donne naissance le plus souvent à 2 petits, pesant chacun 2 g. Elle les transporte dans ses expéditions nocturnes durant leurs premiers jours de vie, puis les laisse au nid jusqu'à ce qu'ils apprennent à voler vers l'âge de 1 mois; c'est aussi à cet âge qu'ils sont sevrés.

Elle se nourrit exclusivement d'insectes: hannetons, lucioles, cocci-nelles, hydrophiles, ichneumons, mouches, fourmis ailées qu'elle capture en vol (18 km/h), bien souvent à faible altitude.

Le pelage varie du brun jaunâtre au brun grisâtre. Le poil est trico-lore, soit grisâtre à la base, jaunâtre au milieu et brunâtre à l'extré-mité.

Le tragus est émoussé et la surface dorsale de la membrane inter-fémorale est pratiquement glabre.

Ses prédateurs sont très peu nombreux.

Elle joue un rôle dans le contrôle des populations d'insectes.

Cette espèce très rare est la plus petite de nos chauves-souris.

Grande chauve-souris brune

Eptesicus fuscus
Big brown bat, house bat

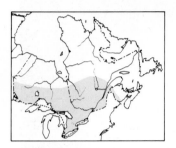 

Son aire de distribution s'étend jusqu'au nord de l'Amérique du Sud en passant par l'Amérique centrale et les Antilles.

Elle habite les régions boisées et le milieu urbain.

L'été, elle loge dans nos bâtiments, clochers d'église, greniers, collecteurs d'eau, derrière les volets, sous les bardeaux, ou bien dans le creux des arbres et les cavernes. L'hiver, elle s'installe dans nos caves, lucarnes, fentes de fenêtres, ainsi que dans les cavernes et les galeries de mines où elle choisit de se réfugier dans la pénombre non loin de l'entrée.

Elle entre en hibernation à la fin de novembre et sort de cette léthargie profonde en avril. À l'approche de ces temps difficiles, elle gagne jusqu'au tiers de son poids en réserves de graisse. Très résistante au froid, elle peut survivre même si sa température corporelle tombe légèrement sous le point de congélation.

Nocturne, elle ne sort pas avant le crépuscule. Elle se dirige par écholocation.

La grande chauve-souris brune vit en solitaire ou en petites colonies et ne supporte pas le voisinage d'autres espèces de chauve-souris. Au sortir de l'hibernation, mâles et femelles s'envolent vers des refuges d'été distincts, le temps que les femelles élèvent leurs petits. L'automne venu, ils se rassemblent à nouveau en vue de l'hibernation.

Mâles et femelles s'accouplent à l'automne lors du rassemblement pour l'hibernation. De rares accouplements surviennent au printemps avant le départ vers les habitats d'été. De type retardé, la fécondation a lieu au printemps seulement, lors de l'ovulation de la femelle. Celle-ci élève seule son ou ses petits. Chacun pèse envi-

ron 3 g à la naissance et leurs yeux s'ouvrent à 6 ou 7 jours. Durant leurs tout premiers jours de vie, ils s'accrochent à leur mère lors de ses expéditions nocturnes; par la suite, ils restent suspendus au nid. Ils sont sevrés vers l'âge de 1 mois lorsqu'ils maîtrisent leur vol.

Elle se nourrit exclusivement d'insectes: scarabées, coccinelles, fourmis ailées, mouches, éphémères, libellules qu'elle capture assez près du sol. Chaque nuit, elle consomme près du quart de son poids en insectes. Son vol est régulier. C'est la plus rapide de nos chauves-souris (35 km/h) et bien souvent, une heure à peine lui suffit pour se gaver.

Le pelage, de teinte brun foncé, est plus pâle sur le ventre.

L'oreille est arrondie et le tragus émoussé. La surface dorsale de la membrane interfémorale est pratiquement glabre.

Homme, hibou, moufette et chat la pourchassent à l'occasion.

Elle joue un rôle important dans le contrôle des populations d'insectes. Cependant, ses fientes dégagent une odeur nauséabonde, incommodante lorsqu'elle partage nos habitations.

C'est l'une de nos chauves-souris les plus communes et celle qui hiberne le plus souvent dans nos bâtiments. C'est aussi celle qui, avec la petite chauve-souris brune, s'adapte le mieux à la civilisation.

Chauve-souris argentée

Lasionycteris noctivagans
Silver-haired bat
Chauve-souris grise

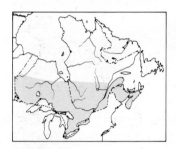 

Elle habite les régions boisées près des étendues d'eau. Elle vit loin de l'homme.

Elle loge dans le creux des arbres, les trous de pics, les nids d'oiseaux, ou sous l'écorce libre des arbres.

En septembre, elle migre vers le sud de son aire de distribution où elle hiberne. Elle revient chez nous à la fin du mois de mai.

Bien qu'elle soit nocturne, on l'aperçoit souvent de clarté, car elle sort tôt et précède d'ailleurs les autres espèces dans ses expéditions de chasse.

En dehors des mouvements migratoires, cette chauve-souris mène une vie solitaire.

Mâles et femelles s'accouplent à l'automne lors du rassemblement pour la migration, mais la fécondation est retardée jusqu'au printemps quand la femelle ovule. Les spermatozoïdes demeurent viables tout ce temps dans l'utérus. Les petits naissent nus et aveugles. Les premières nuits, ils s'accrochent à leur mère lors de ses expéditions nocturnes. Ils commencent à voler à l'âge de 3 semaines.

Insectivore, elle préfère les insectes aquatiques, les mouches et les papillons qu'elle capture soit sur l'eau, soit sur ou au-dessus des arbres, au cours d'un vol (25 km/h) généralement lent et saccadé. Elle refait sans cesse les mêmes circuits et peut voler aussi bien très bas qu'à plus de 12 m d'altitude.

Le pelage est brun foncé, presque noir, mais l'extrémité argentée du poil lui confère une apparence givrée.

⫣ L'oreille est arrondie et le tragus émoussé. La première moitié de la membrane qui relie les membres postérieurs (uropatagium) est recouverte en partie dorsale de fins poils nacrés tandis que l'extrémité est glabre, ce qui rend cette chauve-souris facile à identifier.

⚔ Hormis quelques oiseaux de proie dont le hibou, elle a très peu de prédateurs.

⚹ Très répandue, cette espèce joue un rôle important dans le contrôle des populations d'insectes.

Chauve-souris rousse

Lasiurus borealis
Red bat
Chauve-souris rouge

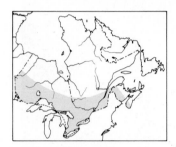 

Son aire de distribution s'étend jusqu'au nord de l'Amérique du Sud en passant par l'Amérique centrale et les Antilles.

Elle habite les régions boisées et fréquente surtout les clairières et l'orée des bois.

Elle séjourne généralement dans le feuillage des arbres ou dans les arbres creux; exceptionnellement, elle s'abritera à l'entrée d'une caverne.

Elle migre vers le sud au début de septembre et revient chez nous à la fin de mai.

Nocturne, elle se dirige par écholocation.

La chauve-souris rousse est plutôt solitaire. Cependant, deux individus peuvent s'associer pour chasser et plusieurs peuvent nicher dans le même arbre. L'assiduité de cette chauve-souris aux mêmes sites de chasse permet de supposer qu'elle possède un instinct territorial.

Mâles et femelles s'accouplent à la fin de l'été lors du rassemblement pour la migration. Les spermatozoïdes restent cependant en attente dans l'utérus de la femelle, car la fécondation, de type retardé, n'a lieu qu'au printemps lorsque celle-ci ovule. Elle met bas 1 à 4 petits qu'elle élève seule. Chacun pèse environ 0,5 g à la naissance. Elle les transporte avec elle dans ses expéditions nocturnes plus longtemps que les femelles du genre *Myotis,* mais quand leur poids entrave son vol, elle les laisse au nid. Ils volent d'eux-mêmes vers l'âge de 1 mois. Les femelles du genre *Lasiurus* sont pourvues de 4 mamelles, comparativement à 2 chez nos autres chauves-souris.

Insectivore, elle apprécie papillons, lucioles, hannetons, coccinelles, fourmis, punaises, mouches qu'elle capture en vol. Les chauves-souris rousses se regroupent souvent deux à deux et chassent en formation aérienne, l'une au-dessus de l'autre. Elles explorent un espace compris entre 6 et 15 m au-dessus du sol, mais peuvent aussi cueillir les insectes au sol ou sur le feuillage. Elles n'hésitent pas à se rapprocher des régions urbaines où les lampadaires attirent quantité d'insectes. Puissant, leur vol est plus rapide, mais aussi plus posé que celui des *Myotis*.

Son pelage roux est légèrement plus pâle sur le ventre. Elle possède une tache claire sur chaque épaule. Le poil est tricolore, soit foncé à la base, pâle au milieu et, aux extrémités, fauve chez le mâle et plus pâle chez la femelle.

L'oreille est arrondie et le tragus émoussé. La surface dorsale de la membrane interfémorale est entièrement recouverte de poils.

Oiseaux de proie, mainates et geais bleus comptent parmi ses prédateurs occasionnels.

La chauve-souris rousse joue un rôle dans le contrôle des populations d'insectes.

Chauve-souris cendrée

Lasiurus cinereus
Hoary bat

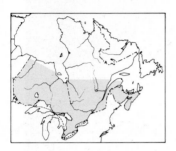

Son aire de distribution s'étend jusqu'au nord de l'Amérique du Sud en passant par l'Amérique centrale et les Antilles. On la rencontre aussi à Hawaï.

Elle habite les régions boisées et préfère les forêts de conifères.

Elle séjourne généralement dans le feuillage des arbres ou dans les arbres creux, mais très rarement dans les cavernes.

Elle migre fin août, début septembre, vers le sud des États-Unis et revient dans nos régions fin mai.

Nocturne, la chauve-souris cendrée ne sort qu'après le crépuscule. Elle se dirige par écholocation.

Bien qu'elle soit plutôt solitaire, il lui arrive de s'associer à quelques congénères pour chasser. Par contre, les rassemblements migratoires découlent surtout du fait qu'elles empruntent les mêmes chemins.

Mâles et femelles s'accouplent à la fin de l'été lors du rassemblement pour la migration. De type retardé, la fécondation survient au printemps quand la femelle ovule. Cette dernière met bas 1 à 4 petits qu'elle élève seule; chacun pèse environ 4,5 g à la naissance. Elle les emmène dans ses expéditions nocturnes plus longtemps que les femelles du genre *Myotis,* mais quand leur poids entrave son vol, elle les laisse finalement au nid. Les rejetons maîtrisent leur vol vers l'âge de 1 mois. Les femelles du genre *Lasiurus* sont pourvues de 4 mamelles, comparativement à 2 chez nos autres chauves-souris.

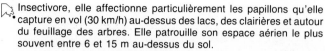

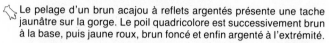

Insectivore, elle affectionne particulièrement les papillons qu'elle capture en vol (30 km/h) au-dessus des lacs, des clairières et autour du feuillage des arbres. Elle patrouille son espace aérien le plus souvent entre 6 et 15 m au-dessus du sol.

Le pelage d'un brun acajou à reflets argentés présente une tache jaunâtre sur la gorge. Le poil quadricolore est successivement brun à la base, puis jaune roux, brun foncé et enfin argenté à l'extrémité.

L'oreille est arrondie et le tragus émoussé. La surface dorsale de la membrane interfémorale est entièrement couverte de poils.

La chauve-souris cendrée a très peu de prédateurs.

Elle joue un rôle dans le contrôle des populations d'insectes.

Cette espèce rare surpasse nos autres chauves-souris en poids et en volume.

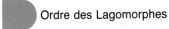 Ordre des Lagomorphes

 Famille des Léporidés
lapin à queue blanche
lapin de la Nouvelle-Angleterre
lièvre d'Amérique
lièvre arctique
lièvre d'Europe

Ordre des **LAGOMORPHES**

Les lagomorphes ont longtemps été assimilés aux rongeurs, notamment à cause de la similarité de leur denture. Ils ont en commun des incisives à pousse continue (40 cm/an), recouvertes d'émail sur leur face antérieure seulement, et un espace libre entre les incisives et les molaires. Ils se distinguent néanmoins des rongeurs par la présence d'une paire de très petites incisives juxtaposées à la face postérieure des incisives supérieures.

Leur régime alimentaire est presque entièrement composé de végétaux qu'ils assimilent au cours d'un processus digestif appelé cæcotrophie, c'est-à-dire qu'ils se nourrissent du fumier d'une première digestion. Ils digèrent donc deux fois une partie de leurs aliments. Le résidu alimentaire du premier transit donne un crotin mou et verdâtre, riche en éléments nutritifs: il contient environ 25% de protéines et une quantité importante de vitamine B; les lagomorphes le prélèvent le jour directement à sa sortie de l'anus et le réingèrent aussitôt. La digestion de ces crottes molles donne des crottes dures, sèches et foncées contenant 9% de protéines et généralement produites la nuit.

L'ordre des lagomorphes compte seulement 2 familles. Les espèces répertoriées au Québec, dans les Maritimes et en Ontario appartiennent toutes à la famille des Léporidés.

Famille des **LÉPORIDÉS**

La famille des léporidés comprend les lapins et les lièvres. Ces espèces ont toutes à peu près le même aspect: de longues oreilles, des pattes postérieures robustes, plus longues que les antérieures, et une petite queue touffue. Ils sont plantigrades et se déplacent par bonds. Leur ouïe est fine et leurs oreilles sont dotées de pavillons qui pivotent indépendamment l'un de l'autre dans la direction voulue. À cause de leurs yeux de forme sphérique, légèrement exorbités et placés assez haut de chaque côté de la tête, leur champ de vision est très grand, ce qui leur permet de bien surveiller les alentours tout en vaquant à leurs occupations.

Ils vivent à l'aise dans une végétation pas très haute, dont ils se nourrissent et où ils se camouflent facilement. Si le milieu comble leurs besoins, ils évoluent sur une superficie plutôt restreinte. Ils gîtent régulièrement dans les mêmes abris et circulent à peu près toujours dans les mêmes sentiers. L'homme a souvent favorisé leur multiplication en aménageant le type d'habitat qui leur convenait. Néanmoins, plusieurs espèces subissent cycliquement des fluctuations de population radicales et la plupart des individus succombent au cours de leur première année de vie, victimes de nombreux prédateurs ou de maladie. Si les léporidés réussissent quand même à proliférer, ils le doivent à leur exceptionnelle prolificité.

Les femelles sont généralement plus grosses que les mâles, contrairement à la plupart des autres mammifères. Les mâles se montrent souvent très agressifs, non seulement entre eux, mais aussi à l'égard des femelles durant la saison de reproduction. Quelques mâles dominants se chargent de l'accouplement de toutes les femelles. Pendant le rut, ou quand ils sont agressés ou importunés, les léporidés crient ou tambourinent sur le sol avec leurs pattes postérieures et le son qui se répercute est perçu par leurs voisins. Capturés ou blessés, ils peuvent aussi émettre un cri de détresse rappelant celui d'un bébé; surpris ou apeurés, d'instinct ils figent sur place.

Le lièvre est généralement plus gros que le lapin, ses oreilles sont plus longues et ses pattes postérieures plus fortes. Mais la différence fondamentale entre ces deux groupes tient au fait que les petits du lièvre viennent au monde les yeux ouverts, couverts de fourrure, et gambadent déjà quelques heures à peine après leur naissance, tandis que ceux du lapin naissent démunis, aveugles et nus. Aussi le nid de la hase est-il rudimentaire comparé à celui de la lapine, bien garni d'herbes sèches et de fin duvet qu'elle s'arrache du ventre pour tenir ses petits au chaud.

Plus rusé et plus rapide que le lapin, le lièvre redoute moins que lui les terrains à découvert. Il s'adapte aux circonstances et, pour dérouter le prédateur, recourt à mille et une feintes. C'est ainsi qu'il aborde son gîte en décrivant autour une spirale jusqu'à ce qu'il frôle son entrée et s'y enfourne. L'animal qui flaire sa piste passe alors à quelques pas de lui sans le voir et le temps qu'il termine la boucle jusqu'au repaire du lièvre, celui-ci a détalé allègrement. Il arrive aussi au lièvre de sauter de pierre en touffe d'herbe puis en pierre, afin d'interrompre sa piste, ou encore de faire demi-tour sur sa piste pour, un peu plus loin, changer de direction dans un bond puissant. Il court aussi vite que le renard qui, à moins de le prendre par surprise, ne le rattrape pas.

Maillon important de la chaîne alimentaire entre végétaux et carnivores, les léporidés sont aussi considérés comme un petit gibier de choix tant pour leur excellente chair que pour le plaisir qu'ils procurent aux amateurs de chasse sportive. En temps de surpopulation, ils deviennent cependant de véritables pestes, dévas-

	lapin à queue blanche	lapin de la Nouvelle-Angleterre	lièvre d'Amérique	lièvre arctique	lièvre d'Europe
Long. totale (cm)	38-48	35-45	38-51	48-68	64-75
Long. de la queue (cm)	4-7	3-5	2,5-5	4-8	7-11
Long. des oreilles (cm)	5-7	6-7	6-8	7-9	8-10
Poids (kg)	1-1,8	1-1,6	1,3-2,3	3-7	3-5
Doigts/orteils	5/4	5/4	5/4	5/4	5/4
Maturité sexuelle ♀ (mois)	3-5	3-6	4	8	7-8
Rut	fév.-août	fév.-août	avril-août	avril-mai [juil.]*	fév.-août
Gestation (jours)	28-32	28-32	36	50-54	32-42
Parturition	mars-sept.	mars-sept.	mai-sept.	juin-juil. [sept.]*	mars-sept.
Jeune(s)/portée	4-6 [2-8]	4-6 [2-8]	2-4 [1-8]	4-6 [2-8]	4-6 [2-8]
Portée(s)/année	3-4	3	2-3 [4]	1 [2]*	2-3
Poids à la naissance (g)	25-35		65-85	105	
Sevrage (semaines)	3-4		3-4	2-3 1/2	2-3
Longévité (ans) en liberté	3-4	4-5	4-5	7	12

[ ]   quelquefois
[ ] •   quelquefois à Terre-Neuve

tant potagers et arbrisseaux. Ils peuvent transmettre à l'homme certaines maladies dont la tularémie, et ceux qui apprécient cette chair doivent prendre certaines précautions.

La famille des léporidés compte 52 espèces et 5 d'entre elles se rencontrent dans nos régions: le lapin à queue blanche, le lapin de la Nouvelle-Angleterre, le lièvre d'Amérique, le lièvre arctique et le lièvre d'Europe.

Lapin à queue blanche

Sylvilagus floridanus
Eastern cottontail

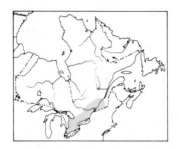

On le rencontre jusqu'en Amérique centrale.

Il apprécie les terrains plutôt découverts où la végétation pousse suffisamment près du sol pour lui fournir couverture et nourriture à sa portée: terres en friche, fourrés, champs, vergers, lisière des bois ou bordure des étangs. Il évite les forêts denses. L'exploitation agricole et forestière, en multipliant les milieux qui lui sont favorables, l'ont encouragé à proliférer. Il a une densité de 1 à 4 individus/ha et un domaine approximatif de 1 à 10 ha, domaine cependant beaucoup plus restreint pour la femelle que pour le mâle.

Une petite dépression naturelle ou améliorée dans le sol ou l'herbe haute, à l'abri d'un arbuste, d'un buisson, d'une souche ou d'une bille lui sert de lit. L'hiver, il emprunte à l'occasion le terrier abandonné d'une marmotte ou d'une moufette. Il circule autant que possible dans les mêmes sentiers.

Actif durant tout l'hiver.

Plutôt nocturne, il vaque à ses occupations à partir du crépuscule.

Il est sédentaire et grégaire. C'est une femelle adulte qui tisse la trame de l'organisation du groupe. À l'approche du rut, elle choisit les aires d'alimentation et de reproduction et, par conséquent, plus ou moins l'emplacement et les dimensions du domaine. Autour de cette femelle s'en greffent quelques autres dont le nombre varie dépendant de leur tolérance mutuelle, ainsi qu'un nombre encore plus restreint de mâles. Ces derniers sont encore moins tolérants les uns vis-à-vis des autres que les femelles entre elles. Il existe une hiérarchie de dominance entre mâles et entre femelles.

Le lapin à queue blanche ne possède pas de glandes pour marquer son territoire et, hormis la femelle au temps du rut, il est peu

territorial. S'il pressent un danger, il fige sur place, espérant passer inaperçu. Poursuivi, il contourne son territoire en bondissant alternativement à gauche puis à droite, afin de brouiller sa piste.

Le rituel de la cour donne lieu entre mâles et femelles à un chassé-croisé de poursuites et de bonds extravagants. À cette époque, les mâles se manifestent une agressivité qui aboutit parfois à de violentes querelles. Avant de mettre bas, la femelle creuse une petite dépression (prof. 10-15 cm, diam. 10-13 cm) qu'elle tapisse d'herbes sèches et rembourre avec du poil provenant de sa fourrure. Le poil ainsi arraché dégage ses mamelles et servira à garder bien au chaud les petits qui naissent aveugles et sans poil. Dans les heures qui suivent la mise bas, la femelle peut redevenir en chaleur et s'accoupler à nouveau pour donner naissance environ 30 jours plus tard à une autre portée.

La mère visite ses petits 1 ou 2 fois par 24 heures, la nuit, pour les allaiter. Le reste du temps elle se tient à distance afin de ne pas éveiller sur eux l'attention des prédateurs. À l'âge de 1 semaine, les petits ouvrent les yeux et, à 2 semaines, ils explorent déjà le voisinage. À 4 semaines, ils sont sevrés et autonomes. La mère ne dispose d'ailleurs plus de temps pour eux, car bien souvent elle met bas de nouveau. Les jeunes vivent alors ensemble, puis leur tolérance mutuelle décroît et ils finissent par se disperser vers l'âge de 7 semaines.

Le lapin à queue blanche est principalement herbivore et en été son régime se compose d'une grande variété de végétaux. Il se repaît d'herbes et de plantes vertes, marquant une préférence pour la verge d'or, le plantain et l'oseille. Il ne dédaigne pas les plantes potagères à l'occasion. L'hiver l'astreint à se contenter de conifères et de feuillus dont il gruge écorce, petites branches et bourgeons.

La vue et l'odorat du lapin à queue blanche sont très développés, l'ouïe plus encore. Il excelle tant au saut (long. 3,5 m) qu'à la course (30 km/h). Il n'aime pas l'eau bien qu'il sache nager.

D'un gris brunâtre dans l'ensemble, la robe est blanche sur le ventre, la gorge et les membres, ainsi que sous la queue. Elle est maculée d'une tache rousse sur la nuque et présente souvent une petite tache blanche sur le front. Le pelage ne devient jamais blanc en hiver.

La tache rousse qu'il porte sur la nuque est caractéristique de l'espèce. On le distingue du lapin de la Nouvelle-Angleterre par la tache blanche souvent présente sur son front.

Homme, oiseaux de proie dont les hiboux et les buses, ainsi que de nombreux carnivores (lynx, renard, coyote, belette, chien) comptent parmi ses prédateurs. Ils sont d'ailleurs si nombreux que seulement 25% de la population atteint l'âge de 1 an.

Petit gibier important, il est très apprécié des amateurs de chasse sportive et recherché pour son excellente chair. Maillon non moins important de la chaîne alimentaire, il sert de pitance à de nombreux animaux. Lorsqu'il abonde, il pousse des incursions dans les potagers et les plantations d'arbustes ornementaux où il cause des ravages. Très prolifique (en 5 ans sans mésaventure, un couple et sa progéniture pourraient donner jusqu'à 350 000 lapins), cette espèce risquerait, en cas de surabondance, de devenir un véritable fléau à cause des dégâts qu'elle engendrerait.

Lapin de la Nouvelle-Angleterre

Sylvilagus transitionalis
New England cottontail

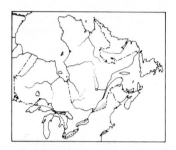

On le rencontre surtout dans les bois clairs, les zones de broussailles, et sur les terres en friche. Il a un domaine d'environ 0,5 à 3 ha. Il est peu abondant, même dans l'aire de distribution qu'il occupe, et cette aire semble se restreindre.

Le lapin de la Nouvelle-Angleterre est nocturne.

On connaît très mal ses habitudes. Elles seraient similaires à celles du lapin à queue blanche, mais il est beaucoup plus discret et s'aventure très rarement à découvert.

Rougeâtre en été, tirant sur le gris en hiver, la robe est marquée d'une tache noire entre les oreilles.

Sa tache noire entre les oreilles le distingue du lapin à queue blanche. Celui-ci, par contre, porte une tache blanche sur le front et une tache rousse sur la nuque n'apparaissant jamais dans la robe du lapin de la Nouvelle-Angleterre.

La limite nord de son aire de distribution rejoint la frontière sud du Québec, qu'il traverse sporadiquement. On le rencontre rarement chez nous.

Lièvre d'Amérique

Lepus americanus
Snowshoe hare, varying hare
Lièvre à raquettes, lièvre variable

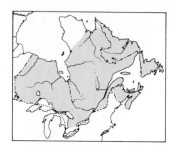 

 Il habite les régions boisées, jusqu'à la limite nord des arbres. Il préfère les forêts de conifères parsemées d'embûches de toutes sortes (vieilles souches, troncs d'arbres) où il peut facilement s'abriter. Il profite beaucoup de la proximité de petites clairières créées par les brûlis, l'exploitation forestière ou agricole. La nouvelle végétation qui y foisonne lui procure une nourriture abondante. Il a une densité de population de 0,1 à 1 individu/ha qui, à l'extrême, peut aller de 0,005 à 13 individus/ha. Mais la moyenne idéale pour le bien-être de l'espèce se situe aux environs de 0,12 individu/ha. La population fluctue selon un cycle moyen de 10 ans. Les mâles ont un domaine approximatif de 10 ha, et les femelles de 4 à 5 ha.

Il passe le plus clair de sa journée tapi dans une petite dépression naturelle ou améliorée à même le sol ou la neige, à l'abri d'un buisson, d'une pierre ou d'une souche. Il emprunte quelquefois le terrier abandonné d'une marmotte ou d'une moufette. Exceptionnellement, il se creusera une petite galerie dans la neige en hiver. Il possède généralement plusieurs gîtes sur l'étendue de son territoire, tous reliés par des sentiers battus et la plupart du temps orientés de façons différentes. Il peut donc s'exposer ou se soustraire, selon son gré, aux rayons du soleil. Un bon couvert végétal au sol et des branches basses, celles de conifères surtout, l'encouragent à séjourner et à proliférer. Ce lièvre évolue à peu près toujours dans les mêmes sentiers qu'il entretient avec soin, l'été en arrachant les repousses de végétation, et l'hiver en tapant la neige avec ses pattes.

Actif tout l'hiver.

Plutôt nocturne, il vaque à ses occupations à partir du crépuscule. Il redoute cependant les nuits de grands vents et reste alors au bercail. Si le temps est couvert, il risquera une promenade de jour.

Le lièvre d'Amérique est fondamentalement sédentaire et, en dehors de la période de reproduction, de tendance grégaire. Il possède sur le menton des glandes dont les sécrétions odorantes interviennent dans les relations territoriales. À l'intérieur d'un même groupe, les individus finissent par partager une odeur plus ou moins commune; ils attaquent et chassent férocement tout individu duquel émane une odeur différente. L'instinct territorial du lièvre d'Amérique atteint son paroxysme en période de reproduction.

À l'époque du rut, les mâles manifestent une agressivité réciproque et entament parfois de violentes querelles. La femelle accepte plusieurs mâles. Les rituels de la cour s'expriment par des jeux de chassés-croisés, de folles poursuites, et de bonds extravagants. Au moment de la mise bas, la femelle ne tolère pas le voisinage de ses congénères, mais dans les heures qui suivent, elle peut redevenir en chaleur et s'accoupler de nouveau. Les petits naissent les yeux ouverts et couverts de fourrure; ils sautillent déjà quelques heures après leur naissance. La femelle ne vient les nourrir qu'une fois par 24 heures, généralement le soir. Le reste du temps, elle se tient à distance afin de ne pas alerter les prédateurs. À l'âge de 1 semaine, les petits partent en excursion et commencent à grignoter la végétation environnante. À 4 semaines, ils sont autonomes et quittent leur mère.

L'été, son régime est composé d'une multitude de végétaux, entre autres d'herbes dont le mil et le trèfle, de plantes telles que pissenlits, marguerites, impatientes, et de feuilles diverses dont celles du peuplier, du bouleau et du saule. L'hiver, il gruge écorce, brindilles et bourgeons d'arbres et d'arbustes. Il se repaît aussi d'aliments carnés quand l'occasion se présente.

La vue, l'ouïe et l'odorat du lièvre d'Amérique sont très développés. Coureur (45 km/h) et sauteur (long. 4-5 m) excellent, il possède de larges pattes qui lui permettent d'évoluer facilement et rapidement sur la neige. C'est d'ailleurs à ses pattes qu'il doit son nom de lièvre à raquettes. Il n'aime pas l'eau, mais peut toutefois nager.

La robe est brun grisâtre en été. Le fond du poil est toujours gris, ce qui donne une apparence blanc sale à sa fourrure en hiver. Des poils noirs ornent la pointe de ses oreilles toute l'année.

On le distingue du lièvre d'Europe par sa queue qui, bien que foncée, n'est jamais noire sur le dessus. Il diffère aussi du lièvre arctique, surtout en pelage d'hiver, par la base de son poil qui reste grise hiver comme été.

L'homme et le lynx du Canada sont ses principaux prédateurs. Il doit aussi craindre la griffe de plusieurs oiseaux de proie, dont le grand duc et le harfang des neiges, et de plusieurs carnivores tels que le renard, le loup, le coyote, le lynx roux et la belette. La prédation est telle chez cette espèce que seulement 15% de la population atteint l'âge de 1 an.

C'est notre principal petit gibier, d'ailleurs très apprécié des amateurs de chasse sportive, et sa chair est excellente. Sa réponse classique à la poursuite est de tourner en rond pour revenir à son point de départ. Comme il connaît le moindre obstacle et le moindre recoin de son territoire, il préfère rester en terrain connu et évite à tout prix d'en sortir. Cette tactique fait de lui une proie facile pour le chasseur averti. Il constitue un élément important du régime alimentaire de plusieurs carnivores. Lorsqu'il abonde, il lui arrive de causer des dégâts dans les potagers et les plantations forestières.

Il adore les bains de terre et se vautre dans les trous bourbeux des lagopèdes et des tétras.

Lièvre arctique

Lepus arcticus
Arctic hare, tundra hare
Lièvre des neiges

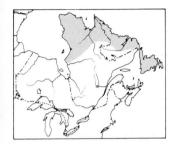 

On le rencontre aussi au Groenland. Une espèce très voisine, appelée lièvre variable *(Lepus timidus),* vit en Europe et en Asie.

Il habite la toundra arctique, au nord de la limite des arbres, et à Terre-Neuve, les hautes collines dénudées. La population fluctue grandement au sein de cette espèce, et l'individu a un domaine approximatif de 7 ha.

Une petite dépression dans la mousse ou la neige, à l'abri d'un arbuste ou d'une pierre, lui sert de lit. Parfois, il se laisse simplement recouvrir par la neige ou encore, il se creuse une tanière (prof. 30 cm) dans une butte de neige tassée et durcie par le vent. Même dans son pays dénudé, il circule toujours dans les mêmes sentiers.

Actif tout l'hiver.

Il vaque à ses occupations de préférence aux heures les plus sombres de la journée, compte tenu du cycle solaire des régions nordiques.

Sédentaire et grégaire, c'est le plus sociable des léporidés. Il vit en petites bandes de 15 à 30 individus, mais parfois une colonie peut compter jusqu'à 120 membres.

À l'époque du rut, les mâles se querellent violemment, boxent avec leurs membres antérieurs et cinglent leur adversaire de leurs griffes effilées. Les petits naissent couverts de poil et les yeux ouverts. La mère les allaite jusqu'à l'âge de 2 ou 3 semaines, puis les abandonne, car ils se suffisent déjà à eux-mêmes. Ils se dispersent aussitôt.

Principalement herbivore, il affectionne les pousses de saule et de bouleau nains, mais se nourrit aussi de laîche, des brindilles et des racines de petites plantes et d'arbrisseaux. En hiver, grâce à ses longues incisives et à ses puissantes griffes, il arrive à briser la croûte de glace et à traverser la neige tapée et durcie pour atteindre la végétation sous-jacente. Comme il apprécie aussi la viande, il se prend parfois aux pièges des trappeurs.

Plus droites que chez la plupart des léporidés, ses longues incisives lui permettent de rejoindre la végétation dans les interstices du sol et des rochers. Ses pattes antérieures, munies de longues griffes incurvées, lui facilitent grandement la tâche quand il doit creuser pour trouver sa nourriture. Il se tient très souvent sur ses puissants membres postérieurs pour scruter l'horizon et peut courir sans poser ses membres antérieurs au sol, à la manière du kangourou.

Sa robe est brun grisâtre en été et blanche en hiver. Le bout noir de ses oreilles, de même que sa queue toute blanche, restent tels quels l'année durant.

L'hiver, on le reconnaît à son pelage d'un blanc immaculé, contrairement à celui du lièvre d'Amérique dont la base du poil reste grise. L'été, il s'en distingue par sa queue toute blanche.

Le harfang des neiges et la buse pattue, de même que le renard arctique, le loup et l'hermine pourchassent ce lièvre.

Il constitue un maillon important de la chaîne alimentaire entre végétaux et carnivores, maillon d'autant plus important si on considère que les sources alimentaires sont limitées pour les prédateurs dans les régions où il vit. Sa chair est comestible. Il craint si peu l'homme qu'on peut facilement l'approcher.

Le lièvre arctique est le plus gros lièvre d'Amérique du Nord et l'une des plus grosses espèces de la famille des léporidés.

Lièvre d'Europe

Lepus europaeus, Lepus capensis
Cape hare, European hare, brown hare

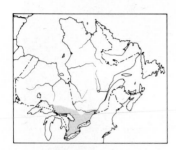 

On le rencontre en Europe, en Asie, en Afrique, mais aussi en Amérique du Nord, en Amérique du Sud et en Australie où il a été introduit.

Il recherche des terrains à découvert lui offrant un excellent point de vue: champs, pâturages, pentes douces des collines. Sa population a une densité approximative de 0,1 individu/ha et son domaine n'est guère restreint; il lui arrive de parcourir de grandes distances de son gîte à ses aires d'alimentation. Néanmoins, il emprunte pratiquement toujours les mêmes sentiers, circonscrits dans un rayon d'environ 1,5 km.

En guise d'abri, il se contente d'une simple dépression dans le sol, au pied d'un buisson ou d'un amas de végétation, et il l'améliore au besoin. Il possède généralement plusieurs gîtes de ce genre répartis sur l'étendue de son domaine.

Actif durant tout l'hiver.

Plutôt nocturne, il vaque à ses occupations à partir du crépuscule.

Il est solitaire et sédentaire. Si les conditions d'existence le lui permettent, il séjournera toute sa vie là où il est né. En dehors du rut, cette espèce est peu territoriale.

Le rituel de la cour donne lieu à un chassé-croisé de poursuites et de bonds extravagants entre mâles et femelles. Il arrive que plusieurs mâles courtisent la même femelle. Chacun défend alors jalousement son territoire et se bat férocement, à mort s'il le faut, quand on empiète sur ses limites territoriales.

Les petits naissent les yeux ouverts et couverts de fourrure. La mère les disperse aussitôt, dans des nids individuels autant que possible, afin de dérouter les prédateurs et d'éviter la destruction

totale de sa portée. Elle les nourrit à tour de rôle durant une période d'environ 21 jours. Si elle doit les rassembler, elle émet un cri particulier dont ils reconnaissent la signification et ils s'exécutent aussitôt. À 40 jours, ils sont autonomes et elle les chasse.

Principalement herbivore, il se nourrit d'herbes et de plantes diverses; l'hiver, lorsque celles-ci sont rares, il se repaît d'écorce, de bourgeons et de petites branches d'arbres et d'arbustes. L'espèce est très vorace et 4 lièvres peuvent consommer autant que 1 mouton.

La vue et l'odorat du lièvre d'Europe sont très développés, l'ouïe plus encore. Il est excellent coureur (58 km/h), excellent sauteur (long. 3-4 m, haut. 1,5 m), et se débrouille fort bien à la nage.

Gris-brun en été, tirant davantage sur le gris en hiver, la robe est d'un blanc pur en partie ventrale. La queue est noire sur le dessus et blanche en dessous. La pointe des oreilles est noire.

Bien que foncé, le dessus de la queue du lièvre d'Amérique n'est jamais noir, comme c'est le cas pour le lièvre d'Europe.

Ses prédateurs sont nombreux, surtout parmi les oiseaux de proie et les carnivores tels que le renard, le coyote, le lynx et le chien. Le cultivateur à l'oeuvre le tue souvent sans le vouloir, car il fige sur place quand il a peur.

Les amateurs de chasse l'apprécient tant pour le plaisir du sport que pour son excellente chair. Il cause quelquefois des ravages, surtout lorsqu'il abonde en une région donnée, car il lui arrive alors de pousser ses incursions jusque dans les jardins et les potagers.

Le nord de son aire de distribution s'arrête à la frontière sud du Québec et de l'Ontario, qu'il traverse de façon sporadique. Il est donc très rare chez nous.

Ordre des Rongeurs

Famille des Sciuridés
marmotte commune
suisse
tamia mineur
écureuil gris
écureuil roux
petit polatouche
grand polatouche

Famille des Castoridés
castor

Famille des Cricétidés
souris sylvestre
souris à pattes blanches
campagnol à dos roux de Gapper
phénacomys d'Ungava
campagnol des champs
campagnol des rochers
campagnol sylvestre
campagnol-lemming de Cooper
campagnol-lemming boréal
lemming d'Ungava
rat musqué

Famille des Muridés
rat surmulot
souris commune

Famille des Zapodidés
souris sauteuse des champs
souris sauteuse des bois

Famille des Éréthizontidés
porc-épic d'Amérique

Ordre des **RONGEURS**

L'ordre des rongeurs réunit les membres du plus important groupe taxionomique des mammifères, tant par le nombre d'individus que par le nombre d'espèces. À lui seul, il compte plus de la moitié de toutes les espèces de mammifères.

La denture, caractéristique distinctive des rongeurs, comprend sur chaque mâchoire deux incisives proéminentes à croissance continue. Seule la face externe de ces dents est recouverte d'émail; elle s'use donc moins vite que l'interne. En conséquence, les incisives s'usent en biseau et ainsi restent toujours bien tranchantes. Si par malocclusion provenant d'un accident, d'une malformation ou de tout autre cause, une dent ne s'use pas, elle croît sans fin en spirale et l'animal finit par mourir d'inanition, de perforation de la mâchoire et parfois même de perforation du crâne. Entre les incisives et les molaires, l'absence d'autres incisives, canines ou prémolaires laisse un espace assez large appelé diastème. S'il le veut, l'animal rentre ses joues dans cet espace et ferme hermétiquement la portion arrière de sa gueule. Il peut ainsi ronger sans avaler de débris ou même d'eau s'il est submergé. De plus, la position de sa mâchoire prévient l'usure de ses molaires. En raison de sa conformation, la mâchoire d'un rongeur peut en effet prendre deux positions différentes selon le type de mouvement à exécuter. Quand il veut ronger, l'animal avance la mandibule; prévenant la friction, un espace se crée alors entre les molaires, tandis que les incisives viennent en apposition. Il appuie ensuite l'objet derrière ses incisives supérieures et le coupe avec ses incisives inférieures par un mouvement de mâchoire d'avant en arrière. Pour mastiquer, par contre, il ramène la mandibule vers l'arrière, ce qui a pour effet d'amener ses molaires en apposition. Cette fois, les incisives inférieures sont derrière les supérieures et à leur tour ces dents ne travaillent pas.

De tailles et de formes très différentes, les rongeurs ont des modes de vie tout aussi diversifiés. Diurnes ou nocturnes, ils peuvent être arboricoles, semi-aquatiques, fouisseurs ou terrestres. La plupart sont actifs durant toute l'année et parmi eux, plusieurs emmagasinent des réserves de nourriture en prévision de l'hiver; quelques-uns cependant, comme la marmotte ou la souris sauteuse, hibernent véritablement. Plusieurs espèces pratiquent la cæcotrophie, c'est-à-dire qu'elles se nourrissent du fumier d'une première digestion. Elles entretiennent ainsi leur flore intestinale et se procurent en même temps certains éléments nutritifs essentiels à leur survie.

La plupart des rongeurs sont polygames et les individus des deux sexes ne se côtoient que pendant la période du rut. Chez certaines espèces cependant, l'union entre mâle et femelle dure au moins le temps d'une saison de reproduction et chez quelques-unes, les couples se forment même à vie. Nombre d'entre elles sont très prolifiques; au cours d'une même saison de reproduction, elles produisent plus d'une portée de plusieurs rejetons. Par contre, d'autres espèces ne produisent qu'une portée par année. Les espèces prolifiques connaissent souvent une maturité sexuelle plus précoce que les autres. Le taux élevé de reproduction que l'on rencontre chez beaucoup de rongeurs compense la forte prédation dont ils sont victimes et la brièveté de leur existence. En dehors de la saison de reproduction, les mâles de certaines espèces subissent des changements anatomiques et physiologiques importants. En effet, leurs testicules s'atrophient et disparaissent dans la cavité abdominale, comme c'est le cas chez le rat musqué. Le mâle est de taille identique ou supérieure à celle de la femelle, excepté chez la souris sauteuse où l'inverse se produit.

Végétariens pour la plupart, les rongeurs forment dans la chaîne alimentaire le maillon intermédiaire entre végétaux et carnivores. Il nous rendent service en mangeant graines de mauvaises herbes et insectes nuisibles en quantité impressionnante. De plus, une partie des grains qu'ils enfouissent germe et reboise nos forêts. Certaines espèces sont très recherchées pour leur fourrure. Quelques-unes ont cependant la réputation d'être de véritables fléaux. Elles détruisent biens et denrées, en plus d'être porteuses de maladies transmissibles à l'homme.

Au Québec, dans les Maritimes et en Ontario, on a répertorié 24 espèces différentes de rongeurs. Elles appartiennent aux 6 familles suivantes: Sciuridés (écureuils), Castoridés (castors), Cricétidés (campagnols et lemmings), Muridés (rats et souris communes), Zapodidés (souris sauteuses), Éréthizontidés (porcs-épics).

Famille des **SCIURIDÉS**

Les sciuridés possèdent des caractéristiques crâniennes communes et tous sont habiles de leurs membres antérieurs. Cette famille regroupe des espèces arboricoles et des espèces terrestres; les arboricoles, comme l'écureuil, ont généralement une longue queue en panache qui leur sert de balancier pour sauter d'une

		marmotte commune	suisse	tamia mineur	écureuil gris
Long. totale *(cm)*		45-70	22-30	18-24	40-50
Long. de la queue *(cm)*		10-18	8-11	8-11	20-25
Poids *(g)*		2 500-4 500	66-120	35-50	350-700
Doigts/orteils		4/5	4/5	4/5	4/5
Maturité sexuelle ♀ *(mois)*		12	3-11	11	10 1/2
Rut		avril	avril [juin-août]	avril [mai]	janv.-juil.
Gestation *(jours)*		31-35	31	28-30	44
Parturition		mai	mai-sept.	mai [juin]	mars-août
Jeune(s)/portée		4 [2-9]	3-4 [2-8]	4 [2-7]	3-5 [1-6]
Portée(s)/année		1	1-2	1	1-2
Poids à la naissance *(g)*		25-28	2,5-4	2-3	15-18
Poils à la naissance		non	non	non	non
Ouverture des yeux *(jours)*		26-30	28-31	30	30-36
Sevrage *(semaines)*		5-6	8	8	7-9
Longévité *(ans)*	en liberté	5	4	3	10
	en captivité	10	8	6	17

[ ] quelquefois

branche à l'autre tandis que les terrestres, comme la marmotte et le tamia, ont une queue plus courte et touffue. À l'exception du nocturne polatouche, ils sont tous diurnes. Tandis que certains sont actifs toute l'année, d'autres subissent un état de sommeil léthargique ou hibernent véritablement durant la saison froide. Leur alimentation se compose surtout de végétaux et la plupart d'entre eux emmagasinent des réserves alimentaires. Lorsqu'ils se courtisent, les sciuridés utilisent des signaux odorants, des sons et des postures caractéristiques. Leurs avances se traduisent souvent par une série de poursuites effrénées.

On rencontre au Québec, dans les Maritimes et en Ontario, 7 espèces de sciuridés: la marmotte commune, le suisse, le tamia mineur, l'écureuil gris, l'écureuil roux, le petit polatouche et le grand polatouche.

écureuil roux	petit polatouche	grand polatouche		
28-35	21-25	25-35	Long. totale *(cm)*	
9-16	8-11	10-18	Long. de la queue *(cm)*	
120-250	50-80	75-150	Poids *(g)*	
4/5	4/5	4/5	Doigts/orteils	
12	9-12	9-12	Maturité sexuelle ♀ *(mois)*	
fév.-juil.	fév.-juil.	mars-juil.	Rut	
35-40	40	40	Gestation *(jours)*	
avril-sept.	avril-août	avril-août	Parturition	
4-5 [2-8]	3-4 [2-6]	3 [2-6]	Jeune(s)/portée	
1-2	2 [1]	1-2	Portée(s)/année	
6-7	3-4	5-6	Poids à la naissance *(g)*	
non	non	non	Poils à la naissance	
27-35	32	32	Ouverture des yeux *(jours)*	
7-8	8-9	8-9	Sevrage *(semaines)*	
3	4	3	Longévité *(ans)*	en liberté
10	13	10		en captivité

Marmotte commune

Marmota monax
Woodchuck, groundhog, marmot
Siffleux

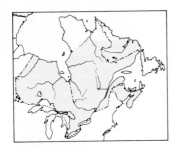

🌲 Elle habite les espaces découverts: prairies rocailleuses, pâturages, champs, clairières, lisières des bois, abords des petits cours d'eau et bordures des haies. On la retrouve aussi dans les forêts clairsemées et les fourrés de broussailles. Elle a une densité de population de 0,3 individu/ha et occupe un domaine de 12 à 80 ha.

🏠 La marmotte vit dans un terrier (prof. 120-150 cm) dont le réseau de galeries peut courir sur plus de 8 m et relier plusieurs chambres. Elle le creuse autant que possible en sol bien drainé, l'été dans une prairie herbeuse et l'hiver sous une rangée d'arbustes ou dans un fourré. Ce terrier comprend au moins 2 chambres: une pour le nid (diam. 38 cm) et une autre pour les déchets; il comporte plusieurs sorties (diam. 20-30 cm) qui aboutissent le plus souvent sous un rocher, parmi de gros cailloux ou entre les racines d'un gros arbre. En général, la terre déborde d'un côté de ces sorties, mais en cas d'urgence, la marmotte se ménage toujours au moins une sortie plus discrète qu'elle garde très propre et exempte de traces susceptibles d'éveiller l'attention. Elle creuse son terrier d'hiver plus en profondeur que celui d'été afin de le soustraire au gel et y aménage aussi une chambre plus spacieuse.

✳ La marmotte est un hibernant véritable. Avant de s'endormir, elle bloque de l'intérieur les accès de son terrier avec de l'herbe et de la terre. Puis, d'octobre à la mi-mars, elle entre dans une léthargie profonde au cours de laquelle sa fréquence respiratoire passe de 190 respirations/mn à 1 respiration/mn. Elle ne s'éveille périodiquement que pour uriner ou déféquer. Elle vit de ses réserves de graisse et peut perdre jusqu'à 50% de son poids au cours de cette période. Elle ressort rarement de sa tanière avant février et encore, par temps doux seulement.

Bien que diurne, elle erre souvent la nuit à l'approche du rut.

Sédentaire et solitaire, elle signifie sa présence par les sécrétions provenant de ses glandes anales. Elle utilise aussi les glandes de ses joues qu'elle frotte sur les objets. Très curieuse, elle grimpe sur les monticules de terre qui bordent ses sorties et les promontoires qui l'entourent pour scruter le paysage. Elle y passe de longues heures à se prélasser au soleil et consacre le reste de son temps à la quête de nourriture. Au moindre signal d'alarme, les marmottes s'avertissent les unes les autres par des cris perçants et saccadés. C'est d'ailleurs ce comportement qui leur a valu leur nom de «siffleux».

La saison des amours survient peu après la sortie d'hibernation et la femelle met bas en mai au terme d'une gestation de 31 à 35 jours. Les jeunes commencent à sortir du terrier au moment du sevrage, vers l'âge de 5 ou 6 semaines. Ils se dispersent généralement vers l'âge de 2 mois, mais quelques-uns passent toutefois l'hiver avec leur mère.

Herbivore, la marmotte se nourrit en grande partie de plantes sauvages. Elle consomme aussi des fruits, des légumes, des écorces, et se repaît à l'occasion d'insectes et d'oisillons. Elle se laisse quelquefois tenter par les plantes cultivées telles que la luzerne, le trèfle, le maïs et les fèves. Elle n'amasse pas de victuailles, mais se fait par contre de bonnes réserves de graisse, car elle se gave littéralement tout l'automne.

La marmotte a une vue et une ouïe excellentes. Comme elle est plutôt massive, sa vitesse à la course ne dépasse pas les 17 km/h. Toutefois, elle grimpe et nage sans difficulté. Grâce aux longues griffes de ses pattes antérieures adaptées au creusage, elle peut disparaître de la surface d'un sol meuble en un rien de temps. Ses petites oreilles et sa queue courte conviennent à son mode de vie souterrain.

La teinte de sa robe va du brun clair au brun foncé; son ventre est plutôt pâle, tandis que ses pattes courtes et trapues sont noires.

Homme, renard roux, lynx roux et coyote comptent parmi ses prédateurs.

Sa présence comporte des aspects bénéfiques et d'autres nuisibles. Son fumier fertilise le sol et les trous qu'elle creuse l'aèrent. Sa chair est comestible. Ses terriers servent de refuge à plusieurs espèces telles que le renard, la moufette, le raton laveur, le tamia et le lapin. Par contre, la marmotte endommage les récoltes d'avoine, de maïs, de légumes, et les monticules de terre aux sorties de son terrier occasionnent parfois le bris d'instruments aratoires, notamment de faucheuses.

Des sciuridés, la marmotte est morphologiquement la plus différente, à cause de son corps trapu et de sa queue courte. Déboisement et culture des terres ont servi ses intérêts et favorisé sa prolifération.

Suisse

Tamias striatus
Eastern chipmunk
Tamia rayé

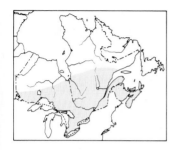 

Il habite les forêts d'arbres feuillus, les terrains de broussailles et les jardins. Il fréquente parfois les vieux bâtiments et les abords des maisons. Sa population a une densité de 5 à 10 individus/ha et il occupe un domaine de 1 ha, rarement davantage.

Le suisse creuse son terrier (prof. 60-90 cm) de préférence dans un endroit bien protégé: au pied d'un gros arbre, sous un rocher, près d'un mur de pierre ou le long d'une haie. Il en sort la terre dans ses abajoues et prend soin de la transporter loin de l'entrée principale. Ce terrier comporte 1 chambre centrale (diam. 30 cm) servant à la fois de refuge et de grenier, et des couloirs menant à 1 ou 2 sorties (diam. 5 cm) bien camouflées sous les pierres ou la végétation. Le suisse peut vivre dans le même terrier toute sa vie et, lorsque c'est le cas, y multiplier les chambres et les sorties au point que ses tunnels peuvent courir sur plus de 10 m. Quand il s'installe pour l'hiver, il bouche ses entrées pour mieux se garantir contre le froid et se protéger des prédateurs.

De novembre à la fin de mars, le suisse entre dans un état de pseudo-hibernation. Il s'éveille de temps à autre pour se sustenter à même ses réserves. Ces réveils sont plus fréquent à partir de février ou mars et on peut quelquefois apercevoir ses traces sur les derniers bancs de neige.

Diurne.

Le suisse est solitaire et sédentaire. D'instinct territorial, il défend en grande partie son domaine contre les intrus de son espèce même si leurs frontières peuvent se chevaucher dans une certaine mesure.

107

La saison des amours survient généralement à la sortie d'hibernation et ne dure que 3 ou 4 jours. Quelques minutes après la copulation, mâle et femelle ne se tolèrent déjà plus. La femelle met bas au terme d'une gestation de 31 jours. Elle élève seule ses petits qui font leur première apparition hors du terrier entre 4 et 6 semaines; ils quittent leur mère à l'âge de 2 mois. Certaines femelles nées tôt au printemps peuvent mettre bas à la fin de l'été.

Il adore les graines contenues dans les cônes des conifères, les glands et les noisettes. Il se nourrit aussi de fruits, de maïs, de bourgeons et, à l'occasion, de grenouilles, d'oeufs et d'insectes. Il passe la majeure partie de la journée à ramasser des victuailles qu'il transporte dans ses grandes abajoues jusqu'à son garde-manger. Ce dernier, situé sous un amas de feuilles dans la chambre du terrier, contient parfois jusqu'à 7 litres de nourriture. L'intérieur des abajoues du suisse est dépourvu de poils et de sécrétions salivaires. Remplie à capacité, chacune d'elles est aussi grosse que sa tête.

La vue et l'ouïe du suisse sont bien développées, mais son odorat est médiocre. D'abord terrestre et fouisseur, il n'en est pas moins un excellent grimpeur. Il se débrouille à la nage.

De teinte roussâtre dans l'ensemble, la robe est blanche sur le ventre. Le dos est agrémenté de 1 bande médiane noire, et chacun des côtés de 1 bande blanche assez large bordée de 2 noires. Ces 7 bandes s'achèvent sur la croupe par une tache rouille. Deux raies blanches enchâssent l'oeil. Sa queue, qu'il redresse à la verticale quand il court, mesure environ le tiers de sa longueur totale.

Belette à longue queue, hermine, renard, lynx, raton laveur, oiseaux de proie et chat le pourchassent.

Le suisse se nourrit à la table des campeurs qu'il charme de sa présence. Il contribue au reboisement en oubliant des graines qu'il a enterrées. S'il abonde, par contre, la situation est renversée; il mange les graines tombées au sol avant même qu'elles aient pu germer.

Tamia mineur

Eutamias minimus, Tamias minimus
Least chipmunk

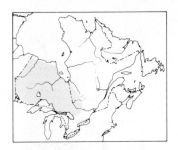

Il habite les forêts de conifères partiellement dégagées, de préférence aux abords des lacs et des cours d'eau. On le rencontre à la lisière des bois, près des clairières, sur les terres en friche et parfois autour des vieux bâtiments. Sa population, dont la densité fluctue d'une année à l'autre, peut atteindre 12 individus/ha. Il occupe un domaine de 0,2 ha.

L'hiver, le tamia mineur niche dans un terrier (prof. 45-90 cm) qu'il creuse au pied d'un gros arbre ou sous un rocher. Il prend soin de répandre ailleurs la terre qu'il évacue pour ne pas laisser de traces susceptibles d'attirer l'attention sur la seule entrée (diam. 4 cm) de son terrier. Son unique chambre lui sert aussi de grenier. À ce nid d'hiver s'ajoute en été une panoplie d'abris tels que bille creuse, trou de pic, arbre creux, espace sous une souche, dans lesquels il aménage un nid d'herbes.

De novembre à avril, il sombre dans un état de pseudo-hibernation. Il somnole enroulé sur ses provisions et se réveille périodiquement, par temps doux surtout, pour se sustenter.

Diurne.

Le tamia mineur est sédentaire et solitaire. Toujours sur le qui-vive, il tend l'oreille au moindre signal d'alarme provenant des autres espèces et de son côté donne l'alerte à la vue d'un carnivore ou d'une buse.

La saison des amours survient peu après la sortie d'hibernation. La femelle, qui met bas environ 29 jours plus tard, élève seule ses petits. Ceux-ci font leur première apparition hors du terrier entre 4 et 6 semaines. Ils quittent leur mère à l'âge de 2 mois.

Le tamia mineur se nourrit surtout de glands, de noix et de graines, mais consomme aussi des fruits qu'il déchiquette souvent pour ne manger que les pépins. Il ajoute parfois à ce menu des invertébrés et, plus rarement, de petits vertébrés. Il passe la majeure partie de sa journée à ramasser des victuailles en prévision de l'hiver. Il transporte le fruit de sa cueillette dans ses grandes abajoues jusqu'à la chambre du terrier où il entrepose ses provisions. Il prend soin de recouvrir son garde-manger de feuilles.

Terrestre et fouisseur avant tout, il excelle aussi à grimper et se débrouille à la nage. Plus vif encore que le suisse, il compte parmi les plus actifs des animaux diurnes.

La robe est gris-brun en partie dorsale et blanchâtre sur le ventre. Sur le dos et les flancs, s'étendant jusqu'à la racine de la queue, 5 bandes noires alternent avec 4 blanches. De chaque côté de la face, 3 bandes foncées entrecoupées de 2 blanches vont du museau à l'oreille. Sa queue, qu'il redresse à la verticale quand il court, mesure environ la moitié de sa longueur totale.

Ses bandes faciales sont beaucoup plus marquées que celles du suisse. Les dorsales, plus longues et plus étroites, se terminent à la base de la queue.

Carnivores et buses le pourchassent.

Le tamia mineur oublie souvent dans le sol des graines qui y germent et contribuent au reboisement. Lorsqu'il abonde, par contre, il en consomme tant qu'on assiste parfois au phénomène inverse. Ce petit animal exerce sur nous un attrait irrésistible.

Écureuil gris

Sciurus carolinensis
Gray squirrel, black squirrel
Écureuil noir

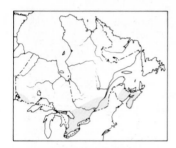

Originaire d'Amérique du Nord, il a été introduit dans les îles britanniques à la fin du siècle dernier et on le rencontre maintenant en Angleterre, en Écosse et en Irlande.

Il habite les forêts de feuillus ou d'essences mixtes, là où prolifèrent les arbres à noix (hêtre, chêne, noyer) et ceux à samares (orme, érable). On le rencontre tous les jours dans les parcs publics de nos villes et de nos banlieues. Sa population a une densité de 1 à 5 individus/ha et il occupe un domaine qui peut atteindre de 1 à 5 ha pour la femelle et jusqu'à 30 ha pour le mâle.

L'été, l'écureuil gris s'installe dans un nid de feuilles qu'il construit à une fourche d'arbre ou sur une branche, à plus de 10 m du sol. Il scelle souvent son entrée de l'intérieur avec un bouchon de mousse. L'hiver, il occupe un arbre creux, un trou de pic ou, à la rigueur, un grenier. Répartis sur l'ensemble de son domaine, ses multiples abris lui permettent d'esquiver les poursuites d'assaillants. Il revient souvent au même refuge d'une année à l'autre.

Actif durant tout l'hiver.

L'écureuil gris est diurne. L'été, il vaque à ses occupations aux heures les plus fraîches de la journée, soit tôt le matin et en fin d'après-midi; l'hiver, il s'active aux moments les plus chauds, soit l'avant-midi et au milieu du jour.

Sédentaire et solitaire, il respecte dans son environnement une hiérarchie bien structurée que domine généralement un vieux mâle. Les affrontements véritables sont pour ainsi dire inexistants au sein de cette espèce où chacun chasse les intrus de son domaine en feignant le combat. Ainsi, quand deux individus s'affrontent, ils cher-

chent d'abord à s'impressionner, puis entament aussitôt une folle poursuite sans jamais se rattraper! Les femelles se montrent plus agressives que les mâles, ceux-ci se tolérant parfois au point de partager le même gîte. Quand la nourriture abonde en un lieu particulier, les individus qui s'y rassemblent font preuve de tolérance mutuelle, mais la surpopulation ou une pénurie de vivres poussent l'écureuil gris à émigrer.

La femelle en chaleur attire tous les mâles du voisinage par ses cris incessants. Il s'ensuit entre elle et ses prétendants une course effrénée où elle s'accouple finalement avec le plus fort. Elle recommence inlassablement ce manège jusqu'à la fin du rut et chasse alors tous les mâles de son territoire. Elle met bas 44 jours plus tard dans le creux d'un arbre ou dans un nid de feuilles. Elle élève seule ses petits qu'elle camoufle soigneusement avec les matériaux du nid si elle doit s'absenter. Elle les déménage souvent, soit à cause de la température, soit pour diminuer les risques de prédation ou d'infestation parasitaire. Les jeunes commencent à quitter le nid à 40 jours et à 3 mois ils sont déjà autonomes.

Il se nourrit en grande partie des fruits du chêne, du noyer et du hêtre: glands, noix et akènes. Il consomme aussi samares d'érable et d'orme, bourgeons, cambium des arbres, petits fruits, insectes, ainsi qu'oeufs et oisillons. Bien qu'il emmagasine peu à la fois dans sa gueule dépourvue d'abajoues, il se constitue quand même des réserves de noix. Il n'en dissimule qu'une par cache, et toujours dans un lieu différent de celui où il l'a trouvée. Il oublie facilement ses cachettes. Toutefois, il peut flairer une noix même sous 30 cm de neige. Il n'hésite alors pas à plonger pour la récupérer et l'ouvre en quelques secondes, grâce au mouvement de levier de ses incisives inférieures.

Arboricole, il peut sauter d'un arbre à l'autre sur une distance de 5 m et en redescendre la tête en bas, position qu'il adopte souvent pour scruter les environs. S'il s'aventure au sol pour trouver sa nourriture et enterrer ses noix, au moindre danger il grimpe à l'arbre le plus proche. Il sait nager.

Grise ou noire dans l'ensemble, la robe est blanche en partie ventrale. Les teintes de gris et de noir peuvent apparaître au sein d'une même portée.

Si sa robe porte quelques nuances de brun en été, on ne risque pas de le confondre avec l'écureuil roux, celui-ci présentant une démarcation noire à la jonction des deux teintes de sa robe.

Belette, vison, renard roux, martre, raton laveur, moufette, lynx roux et oiseaux de proie en font leur pâture.

En plus d'agrémenter nos parcs par sa présence, l'écureuil gris contribue au reboisement à sa façon: il oublie une partie des graines qu'il enterre. Ceux qui le chassent y trouvent un intérêt sportif et apprécient sa chair.

Écureuil roux

Tamiasciurus hudsonicus
Red squirrel, pine squirrel, spruce
squirrel, chickaree

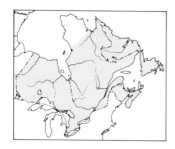 

Il préfère la forêt de conifères, mais habite aussi la forêt mixte; on peut le rencontrer dans les érablières et autour des bâtiments. Il a une densité de population de 2 à parfois 25 individus/ha et occupe un domaine de 2 à 8 ha. En temps de surpopulation, certains individus doivent se résoudre à habiter des lieux moins propices.

L'été, l'écureuil roux entasse assez haut sur les branches ou à la fourche des arbres de véritables amoncellements de feuilles (diam. 25 cm). Il ménage une entrée latérale dans ces sphères qui lui servent de nid. L'hiver, il s'installe dans une bille ou un arbre creux, un trou de pic, un terrier, ou encore sous un amas de pierres, une souche, ou des racines d'arbre.

Bien qu'il soit actif durant tout l'hiver, il lui arrive de rester plus d'une semaine au gîte quand il fait très froid.

L'écureuil roux est diurne. L'été, il vaque à ses occupations aux moments les plus frais de la journée, soit tôt le matin et en fin d'après-midi. L'hiver, il inverse la situation et sort aux heures les plus chaudes, soit l'avant-midi et au milieu du jour.

Solitaire et sédentaire, l'écureuil roux est aussi très territorial. Il défend avec vigueur son gîte et ses sites de ravitaillement. Il marquerait son territoire en léchant les objets et en s'y frottant le museau; il se servirait aussi de son urine. Il déloge l'écureuil gris et beaucoup d'oiseaux.

À la saison des amours, on assiste aux mêmes rituels que chez l'écureuil gris. Par ses cris répétés, la femelle attire les mâles sur son territoire. Il s'ensuit de folles poursuites où le vainqueur s'accouple à celle-ci. Ce scénario se répétera plusieurs fois durant cette unique journée où la femelle est réceptive. Elle met bas environ 38 jours plus tard dans un arbre creux ou un nid de feuilles et camoufle ses petits avec les matériaux du nid quand elle s'absente. Elle les élève seule et les déménage si elle pressent un danger. Les jeunes commencent à sortir du nid aux environs de leur 40e jour. Ils quitteront leur mère vers l'âge de 4 1/2 mois.

Il se nourrit en grande partie de cônes de conifères, des pommes de pins surtout, et sème ses restes un peu partout. Il mange aussi des glands, des noix, des fruits, l'écorce interne et les bourgeons de jeunes arbres, et même des champignons dont certaines amanites mortelles pour l'homme. À tendance manifestement carnivore, il croque volontiers oeufs, oisillons, souris et lapereaux. Il consomme aussi des insectes. En période d'abondance, il se constitue de véritables garde-manger totalisant parfois jusqu'à 125 kg de victuailles. Les laissant tomber directement de la branche, il coupe noix et cônes verts ou à peine mûrs, selon la quantité qui lui convient. Puis il redescend les ramasser pour les entreposer dans des lieux humides et frais (sol, amas de feuilles, bille creuse) où il les conservera longtemps. Les jeunes manifestent cet instinct d'engranger aussi tôt que 39 à 47 jours après leur naissance.

Rapide et agile, cet arboricole s'affaire souvent au sol sans toutefois s'éloigner des arbres. Il circule aisément sous la neige pour atteindre ses greniers. C'est aussi un bon nageur.

Sa robe brune tire sur le roux en hiver et sur l'olive en été. Le ventre reste blanc toute l'année.

Sa robe d'été porte une démarcation noire à la jonction du brun et du blanc, laquelle le distingue de l'écureuil gris.

Oiseaux de proie, martre, pékan, lynx, belette, coyote et loup en font leur pâture. L'homme le pourchasse dans les érablières.

Sa fourrure a peu de valeur. À sa manière, cet écureuil contribue au reboisement. Sur la quantité de noix ou de grains qu'il enfouit dans le sol, il en oublie une partie qui germe; avantage minime cependant si l'on considère ses méfaits. Il détruit ou affecte la croissance de jeunes arbres dont il mange l'écorce et les bourgeons terminaux. Il se repaît de maïs, grignote les pommes à même les pommiers, hypothéquant ainsi la récolte suivante, et dans les érablières, ronge les tubulures amenant l'eau d'érable à la cabane à sucre. Enfin, il vide les pièges des trappeurs et s'introduit dans les chalets inoccupés où il ronge couvertures et matelas.

Audacieux et curieux, il se signale aussi par son caractère tapageur, agressif et chapardeur.

Petit polatouche

Glaucomys volans
Southern flying squirrel
Écureuil volant

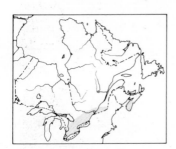 

On le rencontre aussi en Amérique centrale.

Il recherche surtout les forêts de feuillus peuplées de hêtres, d'érables, de chênes, mais on le rencontre aussi dans les forêts mixtes et les banlieues ombragées. Sa population atteint une densité de 2,5 individus/ha et il occupe un domaine d'environ 2 ha.

Il niche généralement dans un arbre creux ou un trou de pic, mais repose quelquefois simplement sur une branche d'arbre. À l'occasion, il élit domicile dans les greniers ou les bâtiments.

Bien qu'il soit actif tout l'hiver, il s'éloigne peu de son gîte au cours de cette saison. Plusieurs individus, parfois même au-delà de 20, peuvent se réfugier dans le même nid pour mieux affronter le froid.

Il est nocturne, mais quand le temps est couvert, il tente parfois une incursion hors du gîte en fin d'après-midi.

Très sociable, à l'encontre des autres écureuils, il semble peu préoccupé par la défense de son territoire.

La femelle chasse le mâle peu avant la parturition. À la naissance, les petits possèdent déjà les replis du patagium, cette membrane cutanée grâce à laquelle ils pourront planer. Leur mère les élève seule et si elle pressent un danger, elle change aussitôt sa nichée de gîte. Les jeunes s'aventurent hors du nid vers l'âge de 7 semaines.

Le petit polatouche est omnivore. Il se nourrit entre autres de glands, de graines de cônes, de noix, de fruits et d'insectes. Il consomme aussi des oeufs et se repaît à l'occasion d'oiseaux car il ne dédaigne pas les aliments carnés. Il emmagasine des réserves dans son nid ou au creux d'arbres environnants, mais rarement au sol.

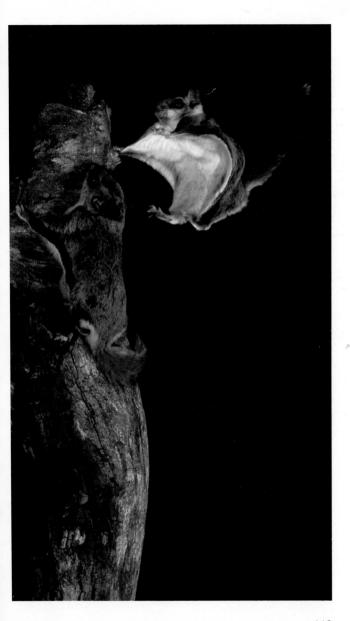

Arboricole et excellent grimpeur, il possède des griffes pointues et recourbées qui contribuent à son agilité. Le patagium, un repli de peau lâche, s'étend le long de son corps, du membre antérieur au membre postérieur. Il lui permet de planer d'un arbre à l'autre, mais au sol, il entrave ses mouvements et le rend maladroit. Le petit polatouche contrôle son vol plané par la tension qu'il exerce sur cette membrane; sa queue lui sert de gouvernail. Il peut planer sur plus de 50 m, à une vitesse de 8 km/h, avec un angle d'inclinaison d'environ 30 à 40°. On croit fort qu'il se dirige par écholocation.

Gris brun dans l'ensemble, la robe est blanchâtre sur le ventre.

On le distingue du grand polatouche par sa taille plus petite et son ventre plus blanc.

Hibou, raton laveur et chat comptent parmi ses prédateurs.

On l'aperçoit rarement. Il arrive qu'il incommode les propriétaires de greniers où il s'installe quelquefois.

Il ne vole pas, mais plane d'un point élevé à un autre situé plus bas. Son gazouillis, similaire à celui des oiseaux, pourrait confondre l'oreille non avertie s'il n'était émis la nuit. Il est très propre et se domestique facilement.

Grand polatouche

Glaucomys sabrinus
Northern flying squirrel
Écureuil volant, assapan

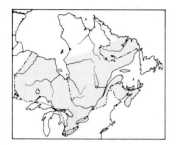 

Il habite les forêts de conifères et les forêts mixtes. Il a une densité de population de 2 à 5 individus/ha et occupe un domaine de 2 ha.

L'été, il construit son nid sur une branche de conifère à plus de 2 m du sol. Il lui arrive de s'installer dans un bâtiment extérieur ou un grenier. L'hiver, il emménage dans un arbre creux ou un trou de pic.

Il est actif tout l'hiver bien que ses périodes d'activité soient plus courtes qu'en été. Plusieurs individus peuvent se réfugier dans le même nid pour mieux affronter le froid.

Le grand polatouche est nocturne. Par temps couvert, il lui arrive de tenter une incursion en fin d'après-midi.

À l'encontre des autres écureuils, il est très sociable. Il semble peu préoccupé par la défense de son territoire.

Peu avant la parturition, la femelle chasse le mâle. Elle élève seule ses petits qu'au moindre signe de danger elle transfère, en vol plané s'il le faut, dans une retraite plus sûre. Ceux-ci s'initient à l'art de planer dès l'âge de 3 mois et à 4 mois, ils démontrent déjà beaucoup d'adresse à cette pratique.

Glands, graines de cônes et noix constituent pour lui des mets de choix. Il consomme aussi champignons, lichens, bourgeons, feuilles et fruits. À l'occasion, il se régalera même d'oeufs et d'oiseaux. Il accumule des provisions qu'il entasse dans le creux des arbres ou à leur pied.

Ses sens les plus fins sont l'ouïe et la vue; il a des yeux particulièrement saillants. Arboricole et excellent grimpeur, il possède des griffes pointues et recourbées qui contribuent à son agilité. Il peut planer grâce au repli de peau appelé patagium qui s'étend de chaque côté de son corps, du membre antérieur au membre postérieur. La tension qu'il exerce sur cette membrane lui permet de contrôler son vol en même temps qu'il utilise sa queue en guise de gouvernail. Il peut couvrir une distance de 50 m, à la vitesse de 8 km/h, avec un angle d'inclinaison d'environ 30 à 40°. Pour se poser en douceur, il redresse à la dernière minute son angle d'inclinaison. Plusieurs hypothèses suggèrent qu'il se dirige par écholocation. Au sol, le patagium entrave ses mouvements et le rend maladroit.

Brune dans l'ensemble, sa robe paraît blanc grisâtre sur le ventre à cause de l'extrémité blanche du poil à cet endroit.

Comme son nom l'indique, il est plus grand que le petit polatouche; de plus, sa robe tire davantage sur le brun et la couleur du ventre n'est pas d'un blanc aussi pur.

Victime à l'occasion du hibou ou du chat, il fait plus souvent le délice de la martre.

On n'a guère l'occasion de l'observer. Il a très peu de rapports avec l'homme, si ce n'est qu'il vide parfois les pièges des trappeurs de leurs appâts. Une partie des graines qu'il cache et oublie de récupérer germe et contribue au reboisement.

Il ne vole pas à proprement parler; il plane d'un point élevé à un autre situé plus bas. Il se domestique facilement.

Famille des **CASTORIDÉS**

Cette famille ne comprend en Amérique du Nord qu'une seule espèce, le castor. Ce mammifère semi-aquatique est notre plus gros rongeur. On le rencontre tant au Québec que dans les Maritimes et en Ontario.

		castor
Long. totale *(cm)*		90-120
Long. de la queue *(cm)*		23-40
Poids *(kg)*		13-35
Doigts/orteils		5/5
Maturité sexuelle ♀ *(mois)*		20-32
Rut		janvier-février
Gestation *(jours)*		105-107 [103-120]
Parturition		avril-juin
Jeune(s)/portée		4 [1-8]
Portée(s)/année		1
Poids à la naissance *(g)*		400-500
Sevrage *(semaines)*		7-10
Longévité *(ans)*	en liberté	12
	en captivité	20

[ ] quelquefois

Castor

Castor canadensis
American beaver

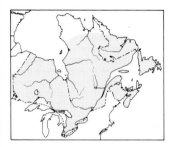 

Notre castor *(Castor canadensis)* a été introduit en Europe.

Il habite les rives des cours d'eau, lacs et marais qui, bordées d'arbres à feuilles caduques comme le tremble ou le peuplier, lui assurent une nourriture abondante. Il a une densité de population de 0,2 à 0,8 individu /km². Une colonie occupe un domaine d'environ 1 km de rive de part et d'autre du cours d'eau où elle élit domicile. Sur la terre ferme, les membres s'éloignent rarement à plus de 200 m de la rive.

Après avoir repéré une rive propice, le castor élève le niveau de l'eau à 2 ou 3 m du fond au moyen d'un barrage. Il procède à partir de branches, de mottes d'herbe et de boue auxquelles il intègre même des pierres quand elles sont disponibles. Dépendant des dimensions du cours d'eau, ce barrage mesure en moyenne 3 m d'épaisseur à sa base, de 1 à 5 m en hauteur et de 15 à 50 m en longueur. Exceptionnellement, il peut même mesurer jusqu'à 100 m de long. Le castor vise de la sorte à bien protéger les entrées de sa hutte, accessibles sous l'eau seulement. De plus, en prévenant le gel de l'eau en profondeur, ce barrage lui permettra de circuler sous la glace tout l'hiver.

Le castor érige ensuite sa hutte. Il repère d'abord, généralement en amont de sa digue, un emplacement au milieu de l'eau ou sur la berge. À l'endroit choisi, il entasse des branches qu'il lie avec de la boue; puis il plonge sous l'eau jusqu'à la base de cet amas et ronge par-dessous les matériaux afin de dégager l'espace nécessaire à la chambre et aux entrées. La hutte comprend au moins 2 entrées, toujours submergées, et 1 chambre centrale (diam. 1 m, haut. 0,5 m) dont le plancher est situé au-dessus du niveau de l'eau.

Le castor se creuse parfois un terrier le long d'une berge. Celui-ci peut lui servir d'aire de repos ou de refuge en cas de danger. Il en fera cependant son habitation principale si le courant est trop fort pour permettre la construction d'une digue ou d'une hutte. Sur certaines rives plus densément peuplées par l'homme, il lui arrive aussi d'opter pour cette solution plus discrète.

Bien qu'il soit actif tout l'hiver, les occasions de l'observer sont rares en cette saison, car il circule sous l'eau et ses allées et venues sont plutôt limitées. Il va de sa hutte à sa réserve de nourriture ou bien explore le fond de l'eau en quête de quelque végétation. Il s'éloigne très peu du gîte et passe beaucoup de temps à se toiletter en famille. Il compense un régime alimentaire frugal par rapport à celui d'été par un rythme de vie plus lent et de bonnes réserves de graisse accumulées depuis l'automne. Pour limiter ses dépenses d'énergie, il synchronise ses heures de repos avec celles de ses congénères sur lesquels il s'entasse pour dormir. Il a pris soin d'épaissir et de bien colmater les murs de sa hutte afin de prévenir la déperdition de chaleur.

Ce rongeur est nocturne.

Sociable, le castor vit en famille. La colonie, qui compte parfois jusqu'à 12 individus, comprend les parents, les jeunes de 1 an et les petits du printemps. La femelle adulte domine ce groupe et c'est elle qui le plus souvent choisit le lieu de résidence. Tous les mem-

Coupe illustrant, de gauche à droite, le barrage, la hutte
et la réserve alimentaire du castor.

Ceux du deuxième groupe, avec des oreilles et des yeux petits, un nez arrondi et une queue courte qui ne dépasse jamais la moitié de la longueur du corps, ressemblent plutôt au hamster ou au cochon d'Inde. Les cricétidés vivent peu dans le sillage de l'homme. Ils gîtent surtout dans des terriers et n'hibernent pas. Bien qu'ils soient prolifiques, la plupart d'entre eux connaissent de grandes fluctuations de population.

On compte au Québec, dans les Maritimes et en Ontario, 11 espèces de cricétidés: la souris sylvestre, la souris à pattes blanches, le campagnol à dos roux de Gapper, le phénacomys d'Ungava, le campagnol des champs, le campagnol des rochers, le campagnol sylvestre, le campagnol-lemming de Cooper, le campagnol-lemming boréal, le lemming d'Ungava et le rat musqué.

campagnol sylvestre	campagnol-lemming de Cooper	campagnol-lemming boréal	lemming d'Ungava	rat musqué	
9-13	10-14	12-14	13-16	48-64	Long. totale *(cm)*
1,5-2,5	1,3-2,4	2-2,5	1-2	20-28	Long. de la queue *(cm)*
19-35	15-40	20-45	30-65	800-1 600	Poids *(g)*
4/5	4/5	4/5	4/5	5/5	Doigts/orteils
2 1/2	1-1 1/2	1-1 1/2	1	12	Maturité sexuelle ♀ *(mois)*
janv.-oct.	avril-sept.	mai-août	fév.-août	avril-août [sept.]	Rut
21	23	19-21	19-22	22-30	Gestation *(jours)*
fév.-oct.	mai-sept.	mai-août	mars-sept.	mai-sept.	Parturition
3-4 [1-7]	3-4 [1-7]	4 [2-8]	3-4 [1-7]	6-7 [1-11]	Jeune(s)/portée
3 [2-6]	2-4	2	2 [+]	2-3	Portée(s)/année
1,9-2,6	3-3,7	3,2-3,6*	3,2-4,2	21-22	Poids à la naissance *(g)*
peu	non	non	non	non	Poils à la naissance
9-12	10-15	12-15	12-14	14-16	Ouverture des yeux *(jours)*
17-18	16-22	16-20	16	21-28	Sevrage *(jours)*
1	1-2	2	1	4	Longévité *(ans)* / en liberté
	2 [+]		3	10	en captivité

Souris sylvestre

Peromyscus maniculatus
Deer mouse

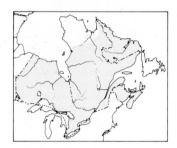

△ Elle habite forêts et prairies. On la rencontre à peu près partout où elle trouve un couvert végétal suffisamment dense, mais elle recherche d'abord un habitat sec. La densité de sa population varie de 1 à 25 individus/ha en fonction des saisons. Son domaine couvre une superficie d'environ 0,5 à 2,5 ha, mais celui du mâle est souvent presque 2 fois plus grand que celui de la femelle.

⌂ Elle gîte de préférence en terrain surélevé. Elle construit des nids d'herbes qu'elle abrite entre autres sous une souche, une planche ou une pierre, dans le creux d'un arbre ou d'une bille, ou encore dans un terrier qu'elle se creuse ou emprunte à une autre petite espèce. Il lui arrive d'élire domicile dans nos maisons. Elle possède vraisemblablement plusieurs terriers qu'elle utilise à tour de rôle, dépendant de la saison. Elle parcourt son domaine dans de minuscules sentiers battus.

❋ Les individus de cette espèce sont actifs tout l'hiver. Durant les grands froids, jusqu'à 15 d'entre eux, parfois davantage, se rassemblent dans le même terrier pour mieux affronter les rigueurs du climat.

☽ Nocturne.

🐾 Elle est sédentaire et très sociable. Même si, règle générale, les domaines peuvent se chevaucher sans créer d'incident, la femelle se montre très territoriale en période de reproduction, si bien qu'à cette époque ses frontières sont peu transgressées par une autre femelle.

♀ Au printemps, chaque femelle reproductrice choisit un territoire autant que possible en marge de celui des autres reproductrices. À l'approche de la parturition, elle chasse le mâle. Mais peu après la

naissance de ses petits, elle subit un nouvel œstrus et le mâle, qui revient s'accoupler avec elle, reste alors pour participer à l'apprentissage des rejetons. Sur le point de mettre bas de nouveau, la femelle chasse cette fois partenaire et progéniture. Les jeunes s'installent avec leur père à proximité, puis se dispersent vers l'âge de 1 mois, dès lors autonomes. Prolifique, l'espèce produit jusqu'à 4 générations par année.

Principalement granivore, la souris sylvestre se nourrit de noix, de glands, de samares et autres graines. Elle consomme aussi bourgeons, feuilles, champignons, insectes, larves, vers et araignées. Elle transporte les graines dans ses abajoues et emmagasine ses provisions dans un grenier à proximité de son nid. Le volume du garde-manger atteint parfois plus de 1 litre.

Elle grimpe avec adresse.

Sur le dos, les tons de la robe varient du brun-gris au brun roux. Celle-ci est toute blanche en partie ventrale et, sous la gorge, le fond de la fourrure est gris. La queue velue est bicolore; aussi longue, sinon plus, que tête et corps réunis, elle se termine par une petite touffe de poils à l'extrémité. La souris sylvestre possède des oreilles et des yeux bien développés. Ses petites pattes blanches lui ont valu son nom latin.

Sous la gorge, le poil de la souris sylvestre est gris à la base; cette caractéristique, alliée à la longueur de sa queue et au petit pinceau de poils qui en orne l'extrémité, la distingue de la souris à pattes blanches.

Elle succombe sous la patte de nombreux prédateurs: belette, hibou, renard, écureuil, vison, raton laveur, ours, coyote, loup et chat domestique.

Maillon de la chaîne alimentaire, la souris sylvestre sert de pitance à de nombreux carnivores. Elle détruit aussi beaucoup d'insectes. Cependant, elle nuit au reboisement par la quantité de graines qu'elle consomme. De plus, elle s'introduit dans les granges et les maisons où, non seulement elle pille greniers et garde-manger, mais détruit encore matelas et vêtements. Elle s'apprivoise facilement.

Souris à pattes blanches

Peromyscus leucopus
White-footed mouse, wood mouse

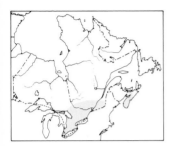 

Elle habite surtout les régions boisées; elle fréquente les forêts de feuillus, mais aussi les régions broussailleuses. On la rencontre quelquefois en terrain plus dégagé, dans les prairies ou dans les champs. Sa densité de population varie de 3 à 25 individus/ha selon les saisons. Couvrant une superficie de 0,2 à 0,6 ha, les domaines des individus se chevauchent jusqu'à un certain point, mais celui du mâle peut être jusqu'à 3 fois supérieur à celui de la femelle.

La souris à pattes blanches construit son nid à l'abri d'une souche ou d'une pierre, dans un arbre creux ou dans une bille creuse. Elle s'approprie souvent les nids ou les terriers abandonnés par des oiseaux ou des écureuils. On la retrouve quelquefois dans les matelas et les tiroirs des chalets. Elle possède généralement plusieurs nids (diam. 20-30 cm) sur son domaine. Quand l'un d'eux est souillé, elle l'abandonne pour un autre.

Active durant tout l'hiver, elle devient cependant plus casanière lors de grands froids. Au cours de cette saison, plusieurs familles se regroupent souvent pour affronter les rigueurs du climat.

Nocturne.

À l'exception des jeunes à la recherche d'un nouveau territoire, la souris à pattes blanches est sédentaire. Bien qu'ils soient moins sociables que la souris sylvestre, les individus de cette espèce se tolèrent quand même relativement bien. L'hiver, ils vont même jusqu'à cohabiter en colonies pour mieux affronter le froid, mais ils respectent alors les règles d'un certain ordre social. Ils se dispersent en mars à l'époque du rut. Pendant la saison de reproduction, la femelle se montre très récalcitrante envers ses congénères et tolère particulièrement mal les autres femelles. En état d'alerte, la souris à pattes blanches tambourine sur le sol avec ses membres antérieurs.

♀ En période de reproduction, la femelle est belliqueuse et défend ardemment son territoire. Peu après la naissance de ses petits, elle subit un nouvel œstrus et s'accouple aussitôt. La lactation retarde cependant l'implantation des embryons et prolonge souvent cette gestation qui peut alors durer jusqu'à 37 jours au lieu de 25. La mère allaite ses petits jusqu'à l'âge de 3 semaines puis, comme elle doit préparer le nid pour la portée qui vient, les rejetons sont pris en charge par leur père.

La souris à pattes blanches est omnivore. Samares, noyaux de cerises noires, glands, noix et autres graines constituent l'essentiel de son menu. Elle se nourrit aussi d'insectes (scarabées, chenilles) et, lorsque l'occasion se présente, de charogne. Elle transporte ses provisions dans ses abajoues et les emmagasine pour l'hiver dans des caches à proximité de son nid. Un seul de ses garde-manger peut parfois contenir jusqu'à 2,5 litres de victuailles.

Elle grimpe avec adresse.

Les tons de la robe peuvent varier sur le dos du brun grisâtre au brun-roux; celle-ci est toute blanche en partie ventrale et sur les pattes. La queue, plus courte ou de même longueur que la tête et le tronc réunis, est glabre à l'extrémité.

La souris à pattes blanches se distingue difficilement de la souris sylvestre. Sa queue est plus courte par rapport à la longueur de la tête et du corps, et glabre à l'extrémité. De plus, son poil sous la gorge est entièrement blanc.

Petits carnivores tels que belette, vison, moufette, raton laveur, renard, hibou ou chat domestique la pourchassent.

Maillon de la chaîne alimentaire, elle vit en moyenne 5 mois et on attribue rarement sa mort à la vieillesse... Elle s'introduit dans les fermes où elle s'approvisionne en grains et elle élit parfois domicile dans nos chalets.

Campagnol à dos roux de Gapper

Clethrionomys gapperi
Gapper's red-backed vole, boreal
red-backed vole

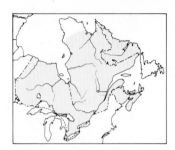 

△ Il habite forêts, tourbières, marais, fourrés de broussailles, enfin tous milieux humides ou à proximité d'une source d'eau. Sa densité de population varie de 1 à 8 (parfois 25) individus/ha. La population fluctue annuellement, mais on n'a pu déterminer de cycle périodique. Son domaine couvre de 0,1 ha (en hiver surtout) à 1,5 ha et peut chevaucher celui de ses voisins dans une certaine mesure.

⌂ Il se construit de petits nids sphériques ou plats avec de l'herbe, des feuilles et de la mousse. L'hiver, il les abrite à la jonction d'une multitude de galeries subnivales. L'été, il les aménage dans son terrier ou dans celui d'un autre petit rongeur ou d'un insectivore. Quelquefois, il les dissimule tout simplement sous une pierre ou une souche, dans une bille creuse, parmi la mousse et, plus rarement, à la fourche d'une branche d'arbre.

❄ L'hiver, il circule sous la neige grâce à une multitude de petites galeries partant de son nid.

☾ Il s'affaire tant de jour que de nuit, mais marque une nette préférence pour l'aube et le crépuscule.

🐾 Solitaire au cours de la saison estivale, il se regroupe en famille à l'approche des temps froids, pour mieux affronter les rigueurs du climat.

♀ La mère élève seule ses petits qu'elle déménage lorsqu'elle est importunée. Ceux-ci sont autonomes dès l'âge de 3 semaines. Chez ce campagnol, contrairement à plusieurs autres, lorsqu'un accouplement suit la mise bas, l'allaitement ne prolonge pas la durée de la gestation.

Surtout végétarien, il se nourrit des pousses tendres des plantes et de leurs pétioles, gruge racines, écorces, et ne manque pas d'apprécier noix, fruits et champignons. Il consomme aussi des insectes, des petits mammifères, des oisillons et de la charogne à l'occasion. Il emmagasine des réserves de nourriture dans des caches souterraines en prévision de l'hiver.

Agile tant au saut qu'à la course, c'est aussi un excellent grimpeur.

Une raie brun foncé marque son dos gris-roux, du front à la base de la queue. Il a le ventre blanc grisâtre. Sa queue mince et courte est bicolore et ses petites oreilles disparaissent dans sa longue fourrure. Il existe une variante de l'espèce, au dos noir et aux flancs gris.

Oiseaux de proie, raton laveur, belette, renard roux, moufette, martre et coyote comptent parmi ses nombreux prédateurs.

Maillon de la chaîne alimentaire, il sert de nourriture à plusieurs mammifères recherchés pour leur fourrure. Même s'il lui arrive parfois de ronger l'écorce au pied des arbres fruitiers, ses rapports avec l'homme sont plutôt rares.

Phénacomys d'Ungava

Phenacomys intermedius
Heather vole, heather phenacomys,
mountain phenacomys

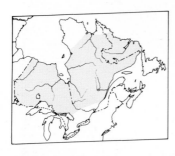 

Il recherche des milieux plutôt secs, au couvert végétal important, bien qu'il apprécie la proximité d'une source d'eau. On le rencontre dans les prairies herbeuses, les couverts de mousse et les sous-bois de forêts clairsemées. Il vit généralement loin de l'homme.

Il niche au sein d'une sphère de lichens et de brindilles (diam. 15 cm) qu'il aménage en hiver sur le sol, à l'abri d'un rocher ou d'un arbre, et en été dans un terrier (prof. 10-20 cm) dissimulé sous une souche, une racine ou un rocher. Il circule l'été dans un réseau peu élaboré de galeries et de sentiers et l'hiver dans des galeries subnivales.

Tout l'hiver, le phénacomys d'Ungava s'affaire sous la neige.

Nocturne, il connaît sa plus grande période d'activité au crépuscule.

Il est plutôt solitaire même si en hiver plusieurs se rassemblent dans le même nid pour mieux affronter les rigueurs du climat.

La femelle élève seule ses petits qui deviennent autonomes à l'âge de 3 semaines et quittent alors le nid définitivement.

Plutôt végétarien, il se nourrit d'herbes, d'écorces et de bourgeons d'arbustes, de fruits et de graines. Il se repaît à l'occasion de laîches et de lichens. Il emmagasine, bien souvent à l'entrée de son gîte, des réserves de nourriture en prévision de l'hiver.

Le phénacomys a des habitudes terrestres, mais nage à l'occasion.

Il arbore une robe brun jaunâtre, nuancée de gris sur le ventre, de jaune sur la face, et blanche sur les pattes. La queue est courte.

On le distingue du campagnol des champs par ses pattes blanches et sa queue généralement plus courte.

Les oiseaux de proie, les belettes et la martre le pourchassent.

Sa faible représentation démographique fait en sorte qu'il a bien peu d'impact sur l'environnement. Le phénacomys d'Ungava côtoie si rarement l'homme qu'aucun nom populaire ne lui a été donné.

Campagnol des champs

Microtus pennsylvanicus
Meadow vole, field mouse
Mulot

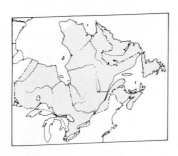 

△ Il préfère les régions humides et herbeuses, aussi le rencontre-t-on dans les prairies et les champs, aux alentours des marais, des lacs et des cours d'eau. Sa population, dont la densité varie de 30 à 90 (parfois 800) individus/ha, fluctue selon un cycle démographique qui connaît son sommet tous les 4 ans environ. Le campagnol des champs occupe un domaine d'une superficie approximative de 0,1 à 0,5 ha.

⌂ Son nid est une sphère d'herbes (diam. 15-20 cm) qu'il aménage en hiver à même le sol, sous le couvert de la neige qui lui sert d'isolant. En été, il l'abrite dans un terrier ou simplement sous la végétation dense, dans une dépression, sous une bille ou sous une pierre. Propre, il évite de souiller son nid de fumier et, le cas échéant, s'en construit un nouveau en moins d'une journée à partir de végétation sèche.

Ce campagnol rase l'herbe et aménage de nombreux sentiers (diam. 3 cm) grâce auxquels il circule aisément sous le couvert de la végétation environnante. Si le couvert végétal est insuffisant, il aménage de petites galeries souterraines. Le réseau ainsi élaboré couvre à 10% près le territoire de la colonie et forme un entrelacs serré, ponctué de multiples abris. Ceux-ci permettent au campagnol de sortir des sentiers avec une certaine quiétude pour s'alimenter et vaquer à ses occupations, car il peut toujours s'esquiver rapidement en cas d'alerte. L'hiver, il circule dans des galeries subnivales.

✳ Actif tout l'hiver.

☾ Le campagnol des champs s'affaire autant le jour que la nuit. Il marque toutefois une préférence pour l'aurore et le crépuscule en été et profite des heures les plus chaudes du jour en hiver.

Il vit en colonie, mais se montre très agressif envers les membres d'autres colonies. En état d'alerte, il bat le sol de ses membres postérieurs à la manière du lapin.

La femelle en chaleur appelle les mâles par de petits cris aigus et s'accouple au hasard; elle met bas après une gestation de 3 semaines. Ses petits, qu'elle allaite jusqu'à l'âge de 2 semaines, la quittent peu de temps après le sevrage. Elle est alors prête à s'accoupler de nouveau.

Il se nourrit d'herbes, de laîches, de graines, de racines, d'écorces et de bulbes. Il se repaît aussi d'insectes et de limaces; il ne dédaigne pas la chair à l'occasion, et s'adonne même parfois au cannibalisme. Il consomme en 24 heures l'équivalent de son poids. Quand il n'arrive pas à rejoindre les graines au sommet d'une tige, il sectionne celle-ci à sa base. Il emmagasine des réserves de graines et de racines en prévision de l'hiver.

Le campagnol des champs possède une ouïe et un odorat très fins. Terrestre, il trotte à vive allure; c'est aussi un excellent fouisseur. Il nage et plonge aisément.

Sa robe est d'un brun nuancé de reflets gris sur le dos et grisâtre sur le ventre. Sa queue est courte et ses petites oreilles disparaissent dans le pelage.

Plus lourd que le campagnol sylvestre, il a aussi une plus longue queue.

Il compte parmi ses nombreux prédateurs des oiseaux de proie, les hiboux et les buses surtout, plusieurs carnivores (belette, martre, vison, moufette, renard, coyote, lynx) ainsi que de gros poissons dont le brochet, l'achigan et la truite. La prédation est telle au sein de l'espèce que le campagnol des champs vit en moyenne 1 mois et rares sont les individus qui survivent au-delà de 1 an.

Il constitue un maillon important de la chaîne alimentaire, car il sert de pitance à plusieurs carnivores. Il cause toutefois certains dégâts; entre autres, il endommage les récoltes de grains et de maïs. De plus il ronge l'écorce au pied des arbres, surtout en hiver, et détruit ainsi nombre d'entre eux, notamment les arbres fruitiers.

Le campagnol des champs est l'un des petits mammifères les plus largement répandus.

Campagnol des rochers

Campagnol des rochers

Microtus chrotorrhinus
Rock vole, yellow-nosed vole
Campagnol à nez jaune

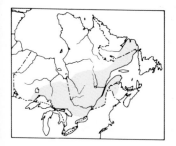 

Le campagnol des rochers habite des régions fraîches, humides et rocailleuses, et apprécie la proximité d'une source d'eau. Il a une densité de population assez faible.

Il niche dans des terriers peu profonds. À cause de son habitat rocailleux, on repère mal ses sentiers.

Actif toute l'année.

Cet animal s'affaire à n'importe quel moment du jour ou de la nuit.

Grégaire, il vit en petites colonies isolées.

Il consomme tiges et feuilles des plantes vertes, fruits, champignons souterrains et quelques insectes dont les chenilles. Il emmagasine des réserves en prévision de l'hiver.

Sa robe est brune sur le dos et grise sur le ventre; une nuance d'orangé sur la face et le nez le distingue des autres campagnols.

Il succombe le plus souvent sous la griffe d'un oiseau de proie ou d'un lynx.

Ce campagnol occupe des terres peu fertiles et sa population est restreinte; c'est d'ailleurs l'un des plus rares parmi nos petits mammifères.

Campagnol sylvestre

Microtus pinetorum, Pitymis pinetorum
Woodland vole, pine vole

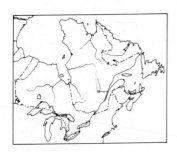 

Il habite des régions au couvert végétal assez important. On le rencontre entre autres dans les forêts de feuillus, les vergers et les champs. Sa population, dont la densité atteint environ 200 individus/ha, fluctue passablement d'une année à l'autre; il occupe un domaine de 0,1 ha.

Il aménage son nid dans un terrier ou encore sous une souche, une bille ou une pierre. Pour circuler, il creuse des réseaux de galeries superficielles (prof. 10 cm) où il passe la majeure partie de son temps. Certaines d'entre elles sont parfois si près de la surface qu'elles y dessinent un sillon, tandis que d'autres se situent juste sous le tapis de feuilles. À l'occasion, il emprunte les galeries de musaraignes, de taupes, ou d'autres campagnols.

Actif toute l'année.

Il s'affaire à n'importe quel moment du jour ou de la nuit, mais préfère l'aube et le crépuscule.

Le campagnol sylvestre est plutôt sédentaire. Grégaire, il vit en colonies regroupant plusieurs adultes et leurs petits.

La femelle en chaleur courtise le mâle, souvent de manière assez agressive. Elle met bas après une gestation de 21 jours. Ses petits sortent du nid à l'âge de 2 semaines et sont sevrés quelques jours plus tard.

En raison de son mode de vie souterrain, il se nourrit surtout de racines et de bulbes, mais consomme aussi des feuilles, des tiges, des fruits, des noix et des glands. Il emmagasine des réserves de nourriture dans ses galeries souterraines. Il se repaît à l'occasion de chair, s'adonnant même au cannibalisme. C'est ainsi qu'un individu piégé sert parfois de pitance à ses congénères.

Il possède une vue faible, mais l'ouïe et le toucher sont bien développés. Ses membres antérieurs sont dotés de puissantes griffes, bien adaptées à sa vie de fouisseur. Il creuse (38 cm/mn) généralement peu en profondeur et préfère les sols meubles. Comme il passe la majeure partie de sa vie sous terre, c'est un piètre grimpeur et nageur.

Brun-roux dans l'ensemble, la robe présente des tons de gris argenté sur le ventre. Les petites oreilles disparaissent dans la fourrure.

Il se distingue du campagnol des champs par sa queue plus courte et son poids inférieur.

Homme, raton laveur, renard, vison, belette, chien, chat et opossum d'Amérique le pourchassent.

Il cause des dégâts dans les vergers en rongeant l'écorce à la base des arbres. Quand les feuilles mortes et la neige s'accumulent au pied des arbres, les dégâts sont souvent plus considérables encore, car le campagnol sylvestre dispose alors, non seulement d'un abri, mais aussi d'un point d'appui qui lui permet de ronger sur une plus grande surface.

Le campagnol sylvestre est peu répandu.

Campagnol-lemming de Cooper

Synaptomys cooperi
Southern bog lemming

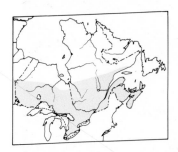 

Il vit dans des milieux très humides où abonde la végétation. On le rencontre entre autres dans les marais, les tourbières ou les basses prairies. Sa densité de population varie de 4 à 25 individus/ha selon les saisons, mais certaines années, elle peut atteindre 75 individus/ ha. On a constaté que sa population fluctue beaucoup d'une année à l'autre au point que dans une même région, il peut passer de l'abondance à la rareté. Il occupe un domaine d'environ 0,1 à 0,2 ha, celui du mâle étant toutefois plus vaste que celui de la femelle.

Il gîte au creux de sphères d'herbes (diam. jusqu'à 18 cm) munies de 2 à 4 entrées, qu'il construit soit en surface parmi la végétation, soit dans des terriers à 10 ou 15 cm sous terre. Pour circuler, ce campagnol aménage des parcours de surface à travers sphaigne et touffes d'herbes, de même que des galeries souterraines (prof. jusqu'à 15 cm) munies de 1 ou 2 entrées. Il s'approprie parfois les parcours d'autres campagnols. On peut identifier ses parcours de surface, car l'herbe qui continue de croître de chaque côté s'affaise éventuellement par-dessus ces minuscules sentiers pour former un dôme.

Actif tout l'hiver.

Il s'affaire à n'importe quelle heure du jour ou de la nuit, bien qu'il préfère l'aube et le crépuscule.

Les individus signaleraient leur présence au sexe opposé par des sécrétions provenant de glandes situées dans l'aine. La femelle redevient généralement en chaleur 12 heures seulement après la mise bas.

L'alimentation du campagnol-lemming de Cooper est en grande partie composée de végétaux. Il se repaît surtout de laîches et d'herbes dont le trèfle. Il consomme aussi feuilles, fruits, champi-

gnons souterrains du genre *Endogone* et petits invertébrés tels qu'insectes et mollusques. Il n'emmagasine pas de provisions pour l'hiver.

Il court, grimpe et nage aisément.

Sa robe aux tons de brun grisâtre sur le dos est plus grise sur le ventre. La queue est très courte et les petites oreilles se perdent dans la fourrure.

Un sillon présent sur la face antérieure de leurs incisives supérieures caractérise le campagnol-lemming de Cooper et le campagnol-lemming boréal. Il permet de les différencier des autres campagnols, et notamment du campagnol des champs. Le campagnol-lemming boréal possède en sus une tache rousse à la base des oreilles, inexistante chez le campagnol-lemming de Cooper.

Le renard, la belette, la moufette et plusieurs autres carnivores, ainsi que des oiseaux de proie dont le hibou et la buse se nourrissent de sa chair.

Ce campagnol se rencontre uniquement dans les habitats propices. Il ne manifeste aucune agressivité lorsqu'on le capture. Peu abondant, il n'a guère d'influence sur l'environnement; on ne lui connaît aucune influence néfaste.

Campagnol-lemming boréal

Synaptomys borealis
Northern bog lemming

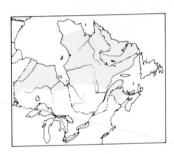

Il préfère les endroits humides et marécageux, particulièrement les tourbières à sphaigne, les forêts de conifères et la toundra. On remarque au sein de cette espèce de grandes fluctuations de population allant, d'une année à l'autre, de l'abondance à la rareté.

Il se fabrique un petit nid d'herbes sphérique (diam. 20 cm), l'été dans un terrier et l'hiver sur le sol. Ce campagnol aménage pour se déplacer des parcours en surface et des galeries souterraines superficielles. À l'occasion, il utilise les sentiers d'autres petits mammifères.

Actif tout l'hiver.

Le campagnol-lemming boréal s'affaire à n'importe quelle heure du jour ou de la nuit.

Les individus signaleraient leur présence au sexe opposé par des sécrétions provenant de glandes situées dans l'aine.

Il se nourrit surtout de laîches, d'herbes et de plantes vertes.

La robe est brun grisâtre sur le dos et grise sur le ventre. Une nuance d'orangé marque la base des petites oreilles quasi dissimulées dans la fourrure.

Le campagnol-lemming boréal et le campagnol-lemming de Cooper sont les deux seuls campagnols à présenter un sillon sur la face antérieure de leurs incisives supérieures. Le premier possède en sus une tache rousse à la base de ses oreilles.

Il doit craindre les oiseaux de proie et de nombreux carnivores.

Il a peu d'influence sur l'environnement étant donné sa rareté; il constitue toutefois un certain apport alimentaire pour les carnivores des régions nordiques. Il compte parmi nos mammifères les plus mal connus.

Lemming d'Ungava

Dicrostonyx hudsonius
Ungava lemming, Hudson Bay collared
lemming, Labrador collared lemming
Lemming du Labrador

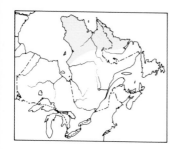 

Il habite la toundra arctique du Québec et du Labrador. Sa population, dont la densité subit des variations très grandes (0,6-400 individus/ha), évolue selon des cycles périodiques: à un sommet atteint tous les 2 à 5 ans, succède une diminution brutale des effectifs. La surpopulation chez le lemming d'Ungava entraîne une augmentation subséquente du nombre de ses prédateurs, l'épuisement de ses ressources alimentaires et une diminution de son potentiel reproducteur. Elle l'expose davantage aux épizooties et le pousse à migrer vers des lieux inhabituels et souvent peu propices.

Il se construit avec des herbes sèches des nids sphériques (diam. 15-20 cm) qu'il aménage sur le sol en hiver et dans un terrier ou sous des pierres en été; quand l'un d'eux est souillé, il l'abandonne pour un autre. L'été, il circule dans un labyrinthe de sentiers et de galeries superficielles qui atteignent parfois 30 m de long et relient plusieurs terriers. L'hiver, il circule sous le tapis herbeux et la neige isolante.

Actif tout l'hiver.

Il s'affaire à toute heure; durant les longues journées d'été toutefois, il préfère sortir par temps nuageux.

Le lemming d'Ungava est grégaire. Plutôt sédentaire, il tend toutefois à émigrer lorsqu'il y a surpopulation.

Agressive en période de rut, il n'est pas rare que la femelle blesse ses courtisans. Elle met bas après une période de gestation de 19 à 21 jours et redevient aussitôt en chaleur. Si elle est de nouveau fécondée, l'allaitement retardera l'implantation des embryons et la gestation sera prolongée de 1 à 5 jours. Élevés par le père et la mère, les petits sortent du nid à l'âge de 12 jours et sont sevrés peu de temps après. Le taux de fécondité remarquable chez cette espèce serait influencé par la quantité de vitamine E contenue dans les lichens qu'ils ingèrent.

Il se repaît d'herbes, de laîches, de lichens, de mousses, de fruits et de graines, ainsi que d'écorces, de bourgeons, de brindilles, et parfois d'insectes. Il mange aussi de la viande à l'occasion, s'adonnant même au cannibalisme en période de surpopulation. Il emmagasine des réserves de nourriture en prévision de l'hiver.

Le lemming d'Ungava s'est fort bien adapté à la vie dans l'Arctique. Les 3e et 4e griffes de ses membres antérieurs doublent de largeur à l'approche de l'hiver et prennent l'aspect de véritables spatules; très puissantes, elles lui permettent de creuser la glace et la terre gelée. L'été, elles reprennent des proportions normales. Ce lemming peut obstruer ses oreilles à volonté avec un pinceau de poils raides qu'il contrôle à partir des muscles des joues. Excellent nageur, il possède une fourrure hydrofuge.

Main du lemming d'Ungava
en été (à gauche)
et en hiver (à droite).

Toute blanche en hiver, sa robe devient grise en été; il porte alors une raie foncée le long de l'épine dorsale, une tache claire sous la gorge, et son ventre est plutôt argenté. Sa queue courte et ses petites oreilles disparaissent dans sa fourrure.

Mis à part son proche cousin du Groenland, le lemming variable, c'est le seul rongeur à revêtir une livrée blanche en hiver.

Oiseaux de proie et carnivores des régions arctiques, notamment le harfang des neiges, le renard arctique, le loup, la belette pygmée et l'hermine, se nourrissent de sa chair.

Maillon important de la chaîne alimentaire, il sert de pitance à plusieurs carnivores de l'Arctique.

Plusieurs mammalogistes considèrent le lemming d'Ungava comme une sous-espèce du lemming variable.

Rat musqué

Ondatra zibethicus
Muskrat

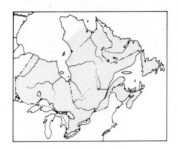 

L'espèce est originaire d'Amérique du Nord. On rencontre dans certaines régions d'Europe et d'Asie des populations sauvages de rat musqué issues d'individus importés qui se sont échappés de captivité.

Le rat musqué vit en milieu aquatique, mais évite les courants forts et les fonds rocailleux. Il habite lacs, rivières, ruisseaux, étangs ou marais dont le niveau d'eau varie le plus souvent entre 1 et 2 m. À pareille profondeur, la lumière pénètre suffisamment pour encourager la croissance de la végétation dont se nourrit l'espèce; de plus, les risques d'un gel complet du plan d'eau en hiver sont minimisés. Le rat musqué fréquente souvent les eaux peu profondes où prolifèrent les quenouilles en été, mais il n'y séjourne pas en hiver, n'y rencontrant pas les conditions adéquates à sa survie. Sa densité de population varie de 6 à 10 individus/ha et peut quelquefois atteindre 70 individus/ha dans des conditions très favorables; elle fluctue selon un cycle de 7 à 10 ans. Les populations de rats musqués sont influencées par l'abondance des quenouilles. L'individu occupe un domaine de 1 à 3 ha environ.

Il loge soit dans une hutte, soit dans un terrier. Il opte quelquefois pour une solution plus facile et partage la hutte du castor avec lequel il vit en bonne société. De forme conique (diam. 1-3 m, haut. 1,5 m) la hutte comprend généralement une chambre centrale et une ou plusieurs voies d'accès sous l'eau, en deçà du niveau de congélation. Elle n'abrite généralement qu'une seule famille. L'automne, quand il choisit de se construire une hutte, le rat musqué repère d'abord un emplacement propice sur une élévation naturelle entourée d'eau ou sur un promontoire en bordure de la berge. Il y entasse un amas compact de quenouilles qu'il lie avec de la boue. Il peut ensuite travailler à dégager les couloirs et la chambre de la

hutte. Il plonge sous l'eau jusqu'à la base de l'amas et, rongeant les matériaux par-dessous, l'évide de l'intérieur. À l'occasion, on peut rencontrer des huttes plus élaborées possédant plusieurs chambres et voies d'accès ou même voir des nids flottants.

Les crues printanières démantèlent souvent ces huttes que le rat musqué ne reconstruira pas pour la saison estivale s'il peut emménager dans un terrier à flanc de rive. Il opte pour cette solution surtout lorsqu'il s'installe le long d'un cours d'eau ou si l'eau est peu profonde. Garnie d'herbes et de mousses, la chambre du terrier est située en terrain sec, bien au-dessus du niveau de l'eau. Ses couloirs, qui accusent une dénivellation de 1 à 9 m, conduisent aux voies d'accès situées sous l'eau. Après plusieurs années d'occupation, ce réseau de galeries peut devenir assez élaboré et relier plusieurs chambres. Le rat musqué préfère élever ses petits dans des terriers, à moins qu'il ne puisse trouver de terrain suffisamment sec; si les conditions lui sont favorables, il y passera même l'hiver.

Le rat musqué entreprend aussi d'autres travaux. Il creuse au fond de l'eau des coulées qui lui servent à s'orienter et à repérer son logis. En cas d'assèchement accidentel ou provoqué de son étang, il pourra circuler plusieurs jours dans l'eau retenue par ces tranchées. Sur l'étendue de son domaine, il ménage dans la rive de simples cavités; celles-ci lui servent de halte pour se reposer et s'alimenter et de retraite, le cas échéant. Il aménage aussi des couloirs au milieu des quenouilles.

✳ Actif toute l'année.

🌙 Il est nocturne, bien qu'on puisse l'observer de jour par temps nuageux.

🐀 Les rats musqués se tolèrent relativement bien en dehors de la saison de reproduction et cohabitent même par groupes de 7 ou 8 individus. La surpopulation engendre toutefois un climat d'agressivité et de violentes querelles mènent les perdants à quitter le territoire, en quête d'un nouvel environnement. Très territorial, le rat musqué signale sa présence à ses congénères par de petites bornes qu'il construit sur les berges, à partir d'une poignée de végétaux et de boue, et qu'il imprègne ensuite des sécrétions de ses glandes anales.

♀ À l'époque du rut, les mâles se font une lutte acharnée pour la conquête des femelles. Les glandes anales augmentent de volume chez les deux sexes et sécrètent un liquide fortement musqué qui leur a valu leur nom de rat musqué. La gestation dure environ 28 jours et la femelle redevient en chaleur aussitôt après la parturition. À l'âge de 2 semaines, les petits nagent et plongent déjà; ils tètent jusqu'à l'âge de 3 ou 4 semaines, puis la mère commence à les éloigner et à 6 semaines ils sont autonomes. Voulant persuader ses rejetons de céder la place à la nouvelle portée, il arrive parfois qu'une mère trop insistante tue 2 ou 3 d'entre eux.

🐀 Le rat musqué se nourrit principalement de végétation aquatique (jonc, queue de cheval, potamot, laîche, nénuphar), mais il a une prédilection pour la quenouille. Il consomme à l'occasion grenouilles, mollusques, poissons, tortues ou salamandres. Cette tendance carnivore s'accentue lors de disette. Cependant, il est peu enclin à accumuler des provisions pour la saison hivernale, surtout si la nourriture abonde. En hiver, pour accéder facilement à la végétation aquatique, il construit des trous de plongée dans la glace. Il crée d'abord une percée en grignotant la glace par-dessous.

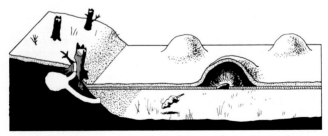

Schéma du terrier et des cloches d'alimentation du rat musqué.

Ensuite, il ramène des débris végétaux du fond et les dispose tout autour de l'ouverture, se laissant à peine l'espace nécessaire pour passer. La neige s'accumule par-dessus les débris et forme une cloche isolante, suffisamment épaisse pour empêcher son trou de geler. Souvent, ces petites cloches ou huttes rudimentaires à sa taille s'étalent en chapelet à partir de son gîte, à environ 11 m l'une de l'autre. Parfois, quand la surface de l'eau est suffisamment gelée, orignaux et caribous s'y aventurent et détruisent les cloches pour manger la végétation sous-jacente.

Rongeur amphibie, le rat musqué excelle à la nage; il peut parcourir 90 m en apnée et rester submergé pendant 15 mn. Une frange de poils denses améliore la force propulsive de ses pattes postérieures partiellement palmées et sa queue lui sert de gouvernail. Au sol cependant, il a une démarche lente. Il ne grimpe pas, mais c'est un bon fouisseur.

Brun foncé dans l'ensemble, la robe comporte des nuances de gris argenté sur le ventre. Les pattes et la queue, pratiquement glabres, vont du brun très foncé au noir. La queue écailleuse, presque aussi longue que tête et corps réunis, est aplatie verticalement.

La queue seule suffit à distinguer le rat musqué de tout autre mammifère.

L'homme, le vison et le raton laveur sont les pires ennemis du rat musqué. Mais ours, lynx, loutre, renard, loup, coyote, chien et plusieurs oiseaux de proie le pourchassent aussi. Le brochet et la tortue serpentine s'attaquent aux jeunes.

L'espèce est très recherchée pour sa fourrure. Les prises de rat musqué surpassent d'ailleurs en nombre celles de toutes les autres espèces. Sa chair est comestible et bonne au goût. Il aménage parfois des couloirs dans les digues qu'il transforme en passoires. Rarement, et en cas de disette seulement, s'adonne-t-il à des raids dans les champs de maïs.

Famille des **MURIDÉS**

Les membres de cette famille possèdent en général de grandes oreilles, des membres antérieurs plus courts que les postérieurs, et une longue queue recouverte de rangées d'écailles bordées de poils clairsemés. Ils sont pour la plupart terrestres, agiles et bons grimpeurs. Ils se courtisent d'une manière assez simple: le mâle renifle et lèche les parties génitales de la femelle et parfois il lui lèche aussi la face et les oreilles. Réputés pour leur remarquable capacité d'adaptation, les muridés sont aussi les plus prolifiques de tous les mammifères. Plusieurs vivent dans le sillage de l'homme.

Cette seule famille compte près de la moitié des espèces de rongeurs. Pour les différencier entre elles, la meilleure méthode consiste à examiner l'émail de leur table d'usure dentaire dont les replis diffèrent de l'une à l'autre. Les muridés du Nouveau Monde originent tous de l'Ancien Monde. Seulement 2 espèces de cette famille sont représentées ici: le rat surmulot et la souris commune.

		rat surmulot	souris commune
Long. totale *(cm)*		30-45	15-20
Long. de la queue *(cm)*		12-20	6-10
Poids *(g)*		200-480	12-25
Doigts/orteils		4/5	4/5
Maturité sexuelle ♀ *(mois)*		2 1/2-3 1/2	1-2
Rut		printemps-été [toute l'année]	printemps-été [toute l'année]
Gestation *(jours)*		21-22	18-21
Parturition		printemps-été [toute l'année]	printemps-été [toute l'année]
Jeune(s)/portée		7-10 [6-22]	4-7 [2-12]
Portée(s)/année		5 [4-12]	5 [+]
Poids à la naissance *(g)*		5-7	1,5-2
Ouverture des yeux *(jours)*		14-16	12-14
Sevrage *(semaines)*		3-4	3
Longévité *(ans)*	en liberté	3	3
	en captivité		6

[ ] quelquefois

Rat surmulot

Rattus norvegicus
Norway rat, brown rat, house rat, water rat, sewer rat
Rat d'égout, rat brun, rat des abattoirs, rat de Norvège, rat gris

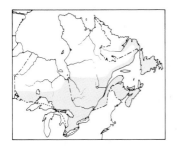 

On le rencontre dans le sillage de l'homme partout à travers le monde.

Il vit dans le voisinage de l'homme et habite avec lui villes, villages, fermes et ports; il s'installe dans les silos, réserves de grains, soussols, cales de bateaux, dépotoirs, égouts, canalisations, etc. Dans les villes, on estime le rapport numérique entre l'espèce et l'homme à 4 individus par personne, rapport surpassé en milieu rural. Le rat surmulot occupe un domaine d'environ 0,04 à 0,4 ha.

Il élabore des nids plutôt volumineux, garnis de brindilles, feuilles ou chiffons, dans des terriers (prof. jusqu'à 45 cm) munis de plusieurs entrées (diam. 5-8 cm). Il installe ses terriers bien à l'abri sous des édifices ou des bâtiments, à travers les déchets de dépotoirs ou, quand il vit loin des agglomérations, dans les talus des fossés et les berges des rivières.

Actif durant tout l'hiver.

Le rat surmulot est plutôt nocturne. Les mâles dominants contraignent parfois les individus d'un rang inférieur à transgresser cet horaire (lors de surpopulation en particulier): la nuit, ils leur interdisent l'accès aux sources de nourriture et les forcent ainsi à vaquer de jour à leurs occupations.

Sédentaire et sociable, le rat surmulot vit en communauté très hiérarchisée basée sur la cellule familiale. Les plus gros mâles dominent et régissent gîte, nourriture et reproduction, si bien qu'en cas de surpopulation, famine et querelles meurtrières guettent les plus

159

faibles à moins qu'ils n'émigrent. Très territorial, le mâle de cette espèce emprunte des chemins sûrs qu'il parcourt régulièrement et délimite par son urine. Un chemin ainsi marqué sert de référence à un point tel qu'il incite tous les membres de la colonie, et même ceux de colonies étrangères, à l'emprunter plutôt qu'un autre. Si les membres d'une même colonie contiennent entre eux leur agressivité par les règles de la hiérarchie, ils ne tolèrent pas les individus de colonies étrangères et les attaquent férocement; le vainqueur va même parfois jusqu'à imprégner d'urine son rival défait.

La femelle, au cours des 6 à 10 heures que durent ses chaleurs, peut copuler de 200 à 400 fois avec 6 ou 8 mâles différents. Elle peut redevenir en chaleur peu avant la parturition et s'accoupler de nouveau, mais alors elle n'ovulera qu'au cours des 18 heures suivant la mise bas. Les nouveau-nés sont aveugles et nus. À l'âge de 2 ans, la femelle cesse de se reproduire; de même, la fertilité du mâle diminue grandement. Cette espèce compte parmi les mammifères les plus prolifiques: dans des conditions idéales, un couple et sa progéniture pourraient en 3 ans engendrer jusqu'à 20 millions de descendants!

Omnivore, il consomme tout aliment comestible du règne végétal ou animal: fruits, légumes, grains, fromage, jeunes animaux (ceux de basse-cour en particulier), charogne et rebuts. Parasite de l'homme, il vit au détriment de ses cultures, de ses animaux domestiques et de ses provisions.

Il possède un odorat très fin. Terrestre, fouisseur et agile grimpeur, il excelle aussi à la nage et maîtrise même si bien l'apnée qu'on lui prête presque des talents d'amphibie.

La robe est gris-brun sur le dos et grisâtre en partie ventrale. La queue annelée, légèrement plus courte que la moitié de la longueur totale de l'animal, est couverte d'écailles et garnie de poils épars.

Homme, chat, chien, renard, coyote, moufette, vison et oiseaux de proie le pourchassent.

Très nuisible, le rat surmulot cause chaque année des dégâts évalués à plusieurs millions de dollars. Parasite de l'homme, il consomme et contamine ses denrées; il endommage édifices, marchandises et équipements qu'il ronge et souille. Porteur de maladies graves, il peut transmettre à l'homme la peste, le typhus, la tularémie, la salmonellose... Et malgré tous les moyens que l'homme emploie pour l'exterminer, il prolifère. En laboratoire, on utilise pour fins d'études génétiques et médicales un rat blanc issu de souches domestiques albinos.

Originaire d'Asie, cet animal suit l'homme dans ses migrations dès le XVIIe siècle. Connu tant pour son esprit querelleur que pour sa remarquable faculté d'adaptation, sa curiosité n'a d'égale que sa méfiance à l'égard des éléments nouveaux de son environnement.

Ces qualités, alliées à sa grande capacité de reproduction, lui ont permis d'envahir le monde.

Dans les villes portuaires on rencontre quelquefois le rat noir, *Rattus rattus,* échappé de quelque bateau. Ce rat n'a guère le loisir de proliférer chez nous, car notre climat rigoureux ne lui convient guère. De plus, partout où il entre en compétition avec le rat surmulot, celui-ci le déloge.

Souris commune

Mus musculus
House mouse
Souris domestique, souris grise

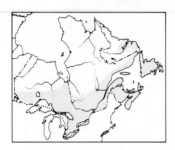 

On la rencontre dans le sillage de l'homme presque partout à travers le monde.

Elle vit près des agglomérations. Elle trouve refuge dans nos maisons et nos bâtiments en hiver et, l'été venu, s'installe dans les champs environnants. On la rencontre peu dans les régions éloignées de l'homme; à l'occasion cependant, certaines colonies plus sauvages vivent dans des champs au couvert végétal dense.

L'hiver, elle construit le plus souvent son nid dans les bâtiments et les maisons car elle y trouve non seulement un bon abri, mais aussi de bonnes réserves alimentaires. Elle loge dans les armoires, les murs ou les matelas et récupère pour la construction de son nid les matériaux environnants disponibles, comme du papier ou des tissus, qu'elle déchiquette en lambeaux. L'été, elle se creuse le plus souvent un terrier.

Active tout l'hiver.

Elle serait plutôt nocturne, mais quand elle vit à proximité de l'homme, elle s'affaire à toute heure, profitant souvent des moments les plus calmes de la maisonnée.

Sociable, la souris commune vit en communauté hiérarchisée où les mâles les plus forts dominent. Les autres doivent profiter des moments d'inactivité des premiers pour vaquer à leurs occupations et subvenir à leurs besoins. D'instinct territorial, elle parcourt quotidiennement son territoire qu'elle délimite avec les sécrétions des glandes de ses pattes ainsi qu'avec son urine d'odeur âcre et pénétrante. Il lui arrive d'imprégner d'urine un rival défait.

♀ La femelle met bas au terme de ses 18 à 21 jours de gestation; 24 heures après, elle redevient en chaleur et s'accouple de nouveau. Les petits naissent aveugles et nus. Sevrés et autonomes à l'âge de 3 semaines, ils se dispersent pendant que la mère s'apprête à mettre bas une autre fois. La surpopulation engendre la stérilité chez les femelles, en particulier chez les jeunes. La souris commune et le rat surmulot ont un comportement similaire au chapitre de la reproduction et ces deux espèces comptent parmi les mammifères les plus prolifiques.

La souris commune est omnivore: végétal ou animal, elle consomme tout ce qui est comestible. Elle a une prédilection pour le fromage et tous les produits laitiers. Elle mange encore grains, fruits, légumes, rebuts, aussi bien que petits vertébrés et invertébrés, et s'en prend même à plusieurs articles ménagers comme les savons, à la colle, ainsi qu'aux livres et boiseries. Elle emmagasine à l'occasion des réserves de nourriture, mais détruit beaucoup plus qu'elle ne consomme.

L'ouïe, l'odorat et le toucher sont très développés chez la souris commune. Surtout terrestre, celle-ci est aussi une habile grimpeuse qui ne craint pas d'escalader murs et conduits, même à la verticale. Elle nage bien.

La robe est gris-brun dans l'ensemble excepté sur le ventre où elle est grise. La queue, aussi longue que la tête et le corps, est couverte d'écailles et garnie de poils fins et clairsemés.

Homme, chat, chien, belette, renard, moufette, raton laveur, rat et oiseaux de proie comptent parmi ses prédateurs.

Parasite de l'homme, elle ronge et détruit quantité d'articles et d'objets ménagers, sans parler des denrées alimentaires qu'elle consomme ou contamine de son fumier. Elle est aussi porteuse de graves maladies transmissibles à l'homme telles que la salmonellose et la fièvre typhoïde. On a sélectionné une variante albinos dont on connaît d'ailleurs mieux la génétique que celle de tout autre mammifère et on l'utilise en laboratoire à des fins de recherche. On vend aussi cette variété chez les marchands d'animaux comme petit animal de compagnie.

Originaire d'Asie, c'est l'une des plus anciennes espèces connues de rongeurs.

Famille des **ZAPODIDÉS**

Communément appelées souris sauteuses, les espèces de cette famille ont dans l'ensemble l'aspect d'une souris. Un peu comme chez le kangourou, leurs membres antérieurs sont très courts tandis que les postérieurs, adaptés au saut, sont longs et puissants. La queue est fine, écailleuse, et à peu près glabre; elle mesure plus d'une fois et demie la longueur totale de la tête et du corps. De moeurs plutôt nocturnes, les zapodidés sont de véritables hibernants. Au Québec, dans les Maritimes et en Ontario on rencontre 2 espèces de zapodidés: la souris sauteuse des champs et la souris sauteuse des bois.

		souris sauteuse des champs	souris sauteuse des bois
Long. totale *(cm)*		18-23	20-26
Long. de la queue *(cm)*		10-15	12-16
Poids *(g)*		12-25	18-30
Doigts/orteils		4/5	4/5
Maturité sexuelle ♀ *(mois)*		2	10
Rut		mai-août	mai-août
Gestation *(jours)*		18-21	21-25
Parturition		juin-août	juin-août
Jeune(s)/portée		5-6 [1-8]	4-5 [1-6]
Portée(s)/année		2-3	1-2
Poids à la naissance *(g)*		0,8-1	0,8-1
Ouverture des yeux *(jours)*		22-25	24-26
Sevrage *(semaines)*		4	5
Longévité *(ans)*	en liberté	2	2
	en captivité	5	5

[ ] quelquefois

Souris sauteuse des champs

Zapus hudsonius
Meadow jumping mouse

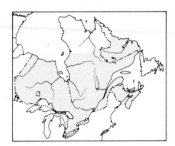

 Elle habite avant tout des milieux humides, qu'il s'agisse de prés, de champs de broussailles, d'abords de rivières ou de marais. On la rencontre aussi à la lisière des bois, en bordure des haies, et quelquefois dans les boisés à végétation dense. Elle a une densité de population de 1 à 6 individus/ha et occupe un domaine d'environ 0,5 à 1 ha. Ses aires d'activités peuvent déborder sur celles de ses voisines.

Elle gîte dans un nid sphérique (diam. 10 cm) composé de mousses, d'herbes ou de feuilles qu'elle aménage en été sur le sol, soit parmi la végétation, sous une bille, une souche ou une planche. L'hiver, son nid repose de 60 à 100 cm sous la surface d'un sol bien drainé dans un terrier qu'elle creuse ou emprunte à une autre espèce. Elle n'aménage généralement pas de sentiers.

La souris sauteuse des champs est un hibernant véritable. D'octobre à mai, elle entre dans un profond sommeil. Elle n'emmagasine pas de réserves de nourriture. Par contre, au cours des 2 semaines précédant l'hibernation, son poids augmente d'environ 30%. Elle peut s'éveiller par temps doux, mais retourne à son profond sommeil dès que le froid se réinstalle. Les individus incapables d'accumuler des réserves de graisse suffisantes périssent au cours de l'hiver; cette condition affecte particulièrement les jeunes.

Nocturne, elle s'aventure de jour par temps nuageux.

La souris sauteuse des champs est solitaire et plus ou moins sédentaire. En état d'alerte, elle tambourine sur le sol avec sa queue.

La femelle s'accouple peu après sa sortie d'hibernation. Elle met au monde des petits aveugles et nus. Lorsqu'après la mise bas elle s'accouple de nouveau, la durée de cette nouvelle gestation sera

souvent prolongée de quelques jours, car l'allaitement peut retarder l'implantation des embryons. Les jeunes sont sevrés et autonomes à l'âge de 4 semaines.

Elle se nourrit surtout de graines, de fruits et de champignons souterrains du genre *Endogone.* Elle consomme aussi des insectes tels que chenilles et scarabées, ainsi que des larves d'insectes. Elle possède des abajoues internes, mais n'emmagasine pas de nourriture en prévision de l'hiver.

Cette excellente sauteuse peut, grâce à ses puissants membres postérieurs, exécuter des bonds de 1 et même 2 m en état d'alerte; sa queue lui sert de balancier. Elle excelle aussi à la nage et plonge en apnée jusqu'à une profondeur de 120 cm.

Brun olive sur le dos, la teinte de sa robe passe au jaune sur les flancs puis au blanc jaunâtre en partie ventrale. Sa queue écailleuse, dont la longueur surpasse celle de la tête et du corps, porte quelques poils clairsemés.

Elle se distingue de ses semblables par ses puissants membres postérieurs, sa longue queue aux poils clairsemés, et par les deux tons de sa robe. Contrairement à la souris sauteuse des bois, l'extrémité de sa queue n'est pas blanche.

Oiseaux de proie, belette, moufette, coyote, chat, renard, brochet et grenouille la pourchassent.

Comme elle est peu abondante, on l'aperçoit rarement; lorsqu'on la capture, elle manifeste peu d'agressivité.

Souris sauteuse des bois

Napaeozapus insignis
Woodland jumping mouse

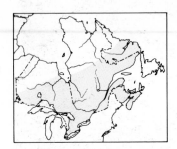 

⚠ Elle vit dans des régions boisées ou broussailleuses, humides et fraîches; elle apprécie la proximité d'un cours d'eau. Sa densité de population atteint 6 individus/ha à l'automne et son domaine s'étend sur une superficie de 0,5 à 5 ha. Les aires d'activités des individus se chevauchent.

🏠 Elle gîte au creux d'une sphère d'herbes et de feuilles dont elle bouche soigneusement l'entrée chaque fois qu'elle vient s'y reposer. L'été, elle aménage son nid sous une souche, une bille ou encore, dans les broussailles. L'hiver, elle l'abrite dans un terrier profond de 10 cm dont l'entrée mesure environ 5 cm de diamètre. Cette souris n'aménage généralement pas de sentiers sur son domaine.

❄ Hibernante véritable, la souris sauteuse des bois entre dans un profond sommeil de la fin de septembre à mai. Au cours des 2 semaines précédant l'hibernation, elle prend du poids et subsiste durant la période hibernale grâce à ses réserves de graisse.

☽ Nocturne, elle s'aventure de jour par temps nuageux.

🐾 Grégaire, elle vit en colonie et mène une existence plutôt nomade. En état d'alerte, elle tambourine sur le sol avec sa queue.

⚥ Peu après leur sortie d'hibernation, les femelles s'accouplent; leur gestation dure environ 23 jours et aussitôt après la mise bas, elles peuvent redevenir en chaleur et s'accoupler de nouveau. Nus et aveugles à la naissance, les jeunes sont autonomes à l'âge de 5 semaines.

🐾 Le champignon souterrain du genre *Endogone* constitue une partie importante de son régime alimentaire. Elle se nourrit aussi de grains, de fruits, de racines, et consomme chenilles, sauterelles, papillons, scarabées, de même qu'une multitude d'insectes sous

leurs différentes formes larvaires. Elle possède des abajoues, mais n'emmagasine pas de réserves de nourriture.

C'est une excellente sauteuse; ses puissants membres postérieurs lui permettent d'exécuter des bonds pouvant atteindre 3,5 m. Elle grimpe bien et nage encore mieux.

Elle a le dos brun chamois, les flancs orangés et le ventre blanc. Sa longue queue écailleuse, généralement blanche à l'extrémité, porte quelques poils clairsemés.

Elle se distingue de ses semblables par ses puissants membres postérieurs, sa longue queue aux poils clairsemés, et par les deux tons de sa robe. Contrairement à la souris sauteuse des champs, sa coloration est plus vive et le bout de sa queue est blanc.

Oiseaux de proie, vison, belette, moufette, lynx, chat et renard la pourchassent.

Étant donné sa population restreinte, elle a une influence minime sur l'environnement.

Famille des **ÉRÉTHIZONTIDÉS**

Les espèces de cette famille portent, en plus des poils de bourre et de jarre, de longs poils piquants qui les caractérisent; ces poils doivent leur consistance à la rigidité de leur écorce. Le porc-épic d'Amérique est la seule espèce de cette famille représentée au Québec, dans les Maritimes et en Ontario.

	porc-épic d'Amérique
Long. totale *(cm)*	63-100
Long. de la queue *(cm)*	15-28
Poids *(kg)*	4-13
Doigts/orteils	4/5
Maturité sexuelle ♀ *(ans)*	2-3
Rut	octobre-décembre
Gestation *(mois)*	7-7 1/2
Parturition	mai-juillet
Jeune(s)/portée	1 [2]
Portée(s)/année	1
Poids à la naissance *(g)*	500-550
Sevrage *(semaines)*	2
Longévité *(ans)* en liberté	7-10
Longévité *(ans)* en captivité	7-10

[ ] quelquefois

Porc-épic d'Amérique

Erethizon dorsatum
American porcupine

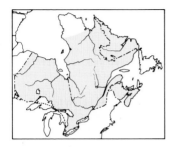 

⚠ Il habite les forêts et les boisés, mais on peut aussi le rencontrer dans des régions broussailleuses. Il a une densité de population d'environ 3 individus/km² et occupe un domaine de 0,03 à 7 km², dépendant des saisons.

⌂ Il a recours à des abris naturels: tronc d'arbre creux, bille creuse, souche renversée, espace sous un amas de pierres, caverne. On repère son gîte au fumier et à l'odeur pénétrante d'urine à proximité. Lors de ses déplacements, il emprunte régulièrement les mêmes sentiers.

❅ Actif tout l'hiver.

☾ Il est plutôt nocturne. Cependant, on l'aperçoit souvent le jour, se reposant au faîte d'un grand conifère.

🐾 L'hiver, cet animal solitaire consent à partager abri et aires d'alimentation avec quelques congénères.

♀ La femelle, dont les chaleurs durent environ 12 heures, peut accepter plusieurs mâles; c'est d'ailleurs souvent elle qui leur fait des avances. Les petits viennent au monde les yeux ouverts et couverts de piquants mous; ceux-ci durcissent en quelques heures et sont aussitôt fonctionnels. Âgés de 2 jours seulement, les rejetons grimpent aux arbres. Ils quitteront leur mère à l'automne.

🍂 Exclusivement végétarien, le porc-épic se nourrit principalement de l'aubier des conifères et des feuillus, mais il consomme aussi des feuilles, des bourgeons, des plantes de marais telles que le nénuphar et la sagittaire, et du maïs. Il raffole du sel et des éléments qui en contiennent comme les bois de cervidés, les os, le sel des routes en hiver, et les objets imprégnés de sueur ou d'urine.

L'ouïe et l'odorat du porc-épic sont très fins, mais sa vue est mauvaise. Plantigrade, il possède de longues griffes recourbées et des callosités sous les pattes qui lui procurent une meilleure adhérence; aussi grimpe-t-il aux arbres sans difficulté et s'y sent-il dans son élément. Au sol, il se déplace lentement. Ses piquants remplis d'air lui permettent, sans être un excellent nageur, de bien flotter.

Le pelage brun foncé comporte de longs poils piquants sur tout le corps excepté sur le museau, les pattes et le ventre.

Le pékan est son seul prédateur sérieux, mais à l'occasion le lynx roux, le puma, le carcajou, le coyote et le renard roux se risquent à le braver. Il succombe bien souvent happé par une automobile sur les routes de campagne.

C'est une proie facile à tuer pour quiconque s'égare en forêt; sa chair est comestible et, même crue, ne comporte aucun risque pour la santé. Le porc-épic endommage arbres et bâtiments.

Menacé, le porc-épic se hérisse, tourne le dos à son assaillant, pourfend l'air de sa queue bien armée et, s'il le peut, frappe. Le mouvement de sa queue ébranle les piquants qui se détachent de leur base; plusieurs volent de part et d'autre, créant ainsi l'impression que l'animal les lance.

Un porc-épic adulte porte environ 30 000 piquants. Mesurant en moyenne 5 ou 6 cm de long, chacun d'eux est garni à l'extrémité d'une multitude de petits barbillons acérés. Comme ils gonflent à la chaleur, ces barbillons rendent les piquants très difficiles à extraire quand ils pénètrent la chair.

Grossissement de l'extrémité d'un piquant de porc-épic
montrant les petits barbillons acérés.

 Ordre des Carnivores

 Famille des Canidés
coyote
loup
renard arctique
renard roux
renard gris

Famille des Ursidés
ours noir
ours polaire

Famille des Procyonidés
raton laveur

Famille des Mustélidés
martre d'Amérique
pékan
hermine
belette à longue queue
belette pygmée
vison d'Amérique
carcajou
moufette rayée
loutre de rivière

Famille des Félidés
couguar
lynx du Canada
lynx roux

Ordre des **CARNIVORES**

Les carnivores, regroupant la majorité des prédateurs terrestre, se nourrissent essentiellement de chair. Leur denture a évolué en fonction de leur mode d'alimentation: elle est bien adaptée pour déchirer la chair et broyer les os. Outre de longues canines, elle comprend une paire de carnassières de chaque côté de la mâchoire (prémolaire supérieure et molaire inférieure) qui travaillent comme des cisailles. Néanmoins, plusieurs carnivores consomment aussi une grande variété de végétaux et chez les espèces à tendance omnivore, comme le raton laveur et l'ours, on note une réduction de cette spécialisation. Ces animaux mènent une existence terrestre, arboricole ou semi-aquatique. Ils sont soit digitigrades, soit plantigrades. À l'exception des félidés aux griffes entièrement rétractiles, presque tous possèdent des griffes non rétractiles; quelques espèces cependant, comme la martre ou le renard roux, ont des griffes semi-rétractiles.

L'ouïe, la vue et l'odorat, dont l'importance respective varie suivant les espèces, jouent un rôle fondamental dans la vie de ces prédateurs. Leur vue est particulièrement bien adaptée à la pénombre, car une couche de cellules réfléchissantes appelée *tapetum lucidum* tapisse l'intérieur de l'oeil. Ces cellules réfléchissantes ont pour fonction de concentrer la lumière perçue pour la renvoyer une autre fois à la rétine. C'est d'ailleurs à cause de cette particularité que leurs yeux brillent la nuit quand on les éclaire. Quand à leur odorat, il est si fin qu'ils peuvent déceler des différences de temps minimes dans la fraîcheur des traces. C'est ainsi que lorsqu'ils flairent une piste, même vieille de plusieurs heures, ils peuvent en déterminer la direction.

Sédentaires pour la plupart, ils occupent leur territoire seuls, par couples, par groupes familiaux ou encore par bandes nombreuses, selon l'espèce. Ils signifient leur présence et délimitent leurs frontières au moyen de substances odorantes: urine, excréments ou sécrétions de glandes dont le parfum diffère selon l'individu et le sexe. Leur odorat leur permet donc, non seulement de détecter les proies, mais aussi d'identifier leurs congénères. Le mâle est en général plus grand que la femelle et le rituel de la cour est peu élaboré. Avant même d'être prête à s'accoupler, la femelle en chaleur attire le mâle à des kilomètres à la ronde par l'émission de substances odorantes appelées phéromones. Ainsi, les partenaires sont sur place pour s'accoupler au moment optimum pour la fécondation. Les petits naissent aveugles et sans défense, mais généralement couvert de poils. La mère, le couple ou le groupe, selon l'espèce, organise leur protection dans un abri discret jusqu'à ce qu'ils aient atteint une autonomie suffisante.

Les carnivores jouent un rôle essentiel dans le contrôle des populations d'herbivores en supprimant les individus débilités. Sans prédation, les herbivores proliféreraient à ce point qu'ils épuiseraient la végétation dont ils se nourrissent et augmenteraient leur vulnérabilité aux épidémies. On observe des variations de taille considérables au sein de l'ordre des carnivores qui compte plus de 250 espèces. Allant de l'ours polaire à la belette pygmée, 20 d'entre elles sont représentées sous nos latitudes. Elles appartiennent aux 5 familles suivantes: les Canidés (loup), les Ursidés (ours), les Procyonidés (raton laveur), les Mustélidés (belette) et les Félidés (lynx).

Famille des **CANIDÉS**

Les canidés possèdent dans l'ensemble l'apparence du chien et comme lui ils sont digitigrades, c'est-à-dire qu'ils marchent sur les doigts. Bien qu'ils soient fondamentalement carnassiers, on note chez eux une tendance à un régime mixte. Leur museau allongé compte d'ailleurs un plus grand nombre de dents jugales que les félidés, ce qui améliore leur mastication. Ils sont reconnus pour leur flair et l'odorat est en effet leur sens le plus fin. Leur ouïe aussi est bien développée, mais leur vue est plutôt moyenne et ils perçoivent mal les animaux ou les objets inertes. Tous nagent.

		coyote	loup	renard arctique	renard roux	renard gris
Long. totale *(m)*		1,1-1,4	1,4-1,9	0,8-1,1	0,9-1,3	0,8-1,1
Long. de la queue *(cm)*		30-40	35-50	27-40	35-45	25-45
Haut. au garrot *(cm)*		58-65	65-90	25-30	38-41	36-38
Poids *(kg)*		10-23	22-50	2-6	3-7	3-6
Doigts/orteils		5/4	5/4	5/4	5/4	5/4
Maturité sexuelle ♀ *(mois)*		10 ou 22	22	10	10	10
Rut		fév.-mars	fév.-mars	fév.-avril	janv.-fév. [mars]	fév.-ma
Gestation *(jours)*		63	63	53-55	52	63
Parturition		avril-mai	avril-mai	avril-juin	mars-avril [mai]	avril-jui
Jeune(s)/portée		5-7 [2-12]	5-7 [2-14]	4-7 [2-20]	4-5 [1-10]	3-5 [1-7
Portée(s)/année		1	1	1	1	1
Poids à la naissance *(g)*		250-300	350-450	55-100	80-120	80-115
Ouverture des yeux *(jours)*		9-14	8-14	14-16	14-15	9-12
Sevrage *(semaines)*		5-8	5-8	3-4	4-5	12
Longévité *(ans)*	en liberté	8-10	10	7-9	10	8
	en captivité	19	18	14	14	10

[ ] quelquefois

D'une grande endurance, ils sont parfaitement adaptés à la poursuite du gibier sur de longues distances. Sociaux pour la plupart, plusieurs chassent en bandes. Leurs canines étant moins spécialisées que celles des félidés, ils terrassent les proies de grande taille en leur infligeant des blessures mineures, mais multiples, au train postérieur et à l'abdomen. Ils tuent les petites espèces en les mordant à l'échine ou à l'épaule et en les secouant violemment. Des glandes sébacées présentes sur la surface dorsale de leur queue jouent un rôle intraspécifique: les locataires d'une tanière s'en servent pour marquer leur passage. La vocalisation fait souvent partie du rituel de la cour et l'accouplement a lieu non au hasard, mais selon des règles inhérentes à l'espèce. La copulation se déroule comme chez le chien et les partenaires restent souvent liés plus d'une demi-heure par leurs parties génitales. Les parents de plusieurs espèces élèvent ensemble leurs petits qu'ils nourrissent durant le sevrage en leur régurgitant des aliments partiellement digérés. Les rejetons réclament souvent d'eux-mêmes cette pitance en donnant de petits coups répétés du museau sur celui des adultes ou en les mordillant à la commissure des babines.

Il y a possibilité d'accouplement fécond entre chien et loup, ou chien et coyote, mais non entre chien et renard. Au moins 35 espèces de canidés ont été répertoriées et 5 d'entre elles se rencontrent ici: le coyote, le loup, le renard arctique, le renard roux et le renard gris.

Coyote

Canis latrans
Coyote, brush wolf, prairie wolf
Loup des prairies, chacal d'Amérique

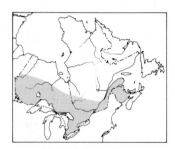

On le rencontre jusqu'en Amérique centrale.

Il habite des milieux très variés, mais plutôt découverts: bois aérés, champs, prairies... La proximité de l'homme ne l'incommode guère. Il a une densité de population de 0,1 individu/km² et son domaine peut couvrir jusqu'à 300 km² lorsque la nourriture se fait rare. Lors de ses excursions, il emprunte le plus souvent les mêmes sentiers.

Le coyote gîte dans une tanière (diam. 1,5 m) à quelque 90 cm sous la surface. Il apprécie la proximité d'une rive et recourt souvent à un terrier de renard ou de marmotte qu'il réaménage à sa façon. D'un côté de son entrée (diam. 30 cm), la terre qu'il remonte à la surface forme un monticule. En cas d'urgence, son terrier possède une ou plusieurs issues dissimulées sous une souche, derrière un buisson ou tout autre élément naturel. La plupart du temps, d'autres terriers sont disponibles non loin de celui qu'il occupe en prévision d'éventuels déménagements. Le coyote reviendrait souvent à la même tanière d'une année à l'autre.

Actif tout l'hiver.

Il est plutôt nocturne, mais il arrive qu'on l'aperçoive en début ou en fin de journée.

Sociable, le coyote vit en famille. Composé du couple et de ses rejetons, ce groupe réunit de 2 à 8 individus. L'espèce est plutôt sédentaire; toutefois, quand les jeunes abandonnent la meute, ils mènent une vie relativement nomade tant qu'ils n'ont pas de domaine bien établi. Des études entreprises sur les populations du Québec démontrent que 37% des individus vivent seuls, 28% en couples, et 35% en meutes de 3 individus ou plus. Le coyote délimite son terri-

toire par son urine et ses excréments, et défend avec beaucoup d'ardeur sa tanière et ses territoires de chasse. La nuit, la meute jappe et hurle en choeur. Elle communique de la sorte avec les meutes voisines et les informe de sa situation géographique.

À la saison des amours, la jeune femelle accepte plusieurs mâles, mais seul le plus persévérant et le plus fort reste finalement près d'elle, tandis que les autres rejoignent d'autres femelles en chaleur. Ce mâle sera fort probablement le père de la progéniture puisque, croit-on, la femelle ovule dans les 2 ou 3 derniers jours de ses chaleurs. À tendance monogame, le couple demeure souvent lié de nombreuses années. Les parents élèvent ensemble leurs rejetons et commencent à leur régurgiter des aliments prédigérés dès leur 4e semaine. Sevrés entre 5 et 8 semaines, les jeunes apprennent bien vite les rudiments de la chasse et quittent leurs parents à l'automne. Mais si les territoires disponibles sont rares, ils grossissent les rangs de la meute qui dès lors pourra s'attaquer à du gibier de taille plus imposante. Ils ne pourront cependant s'accoupler que s'ils remplacent un parent reproducteur ou quittent la meute.

Le coyote est avant tout carnivore. Il se nourrit de petits mammifères comme les souris, les lapins et les lièvres, de charogne, d'oiseaux et de cervidés. Il chasse souvent en couple et même en meute, dépendant de la grosseur du gibier. Il consomme aussi des végétaux et, au besoin, il se convertira même à un régime végétarien.

Il possède un odorat et une ouïe très développés. Myope cependant, il ne distingue guère les objets immobiles. C'est le plus rapide coureur des canidés (65 km/h). Il est aussi bon sauteur (long. 4,2 m, haut. 1,8 m) et excellent nageur.

Gris-fauve, sa robe est nuancée de blanc sur la gorge et le ventre, et de jaune sur le museau, à l'arrière des oreilles et aux membres. L'extrémité du poil est noire ainsi que le bout de la queue.

Contrairement au loup, il porte la queue basse à la course. Les similitudes entre coyote et chien sont telles qu'on a souvent du mal à les distinguer. Chez le coyote, le front et le dessus du museau forment une ligne à peu près continue, trait physique rare chez le chien.

Ses principaux prédateurs sont l'homme, le loup, l'ours noir et le couguar.

On le chasse surtout pour sa fourrure. S'il lui arrive de s'attaquer à la volaille et au bétail, il se rend par ailleurs utile à l'agriculteur, car il détruit beaucoup de rongeurs et nettoie l'environnement de la charogne.

Sa capacité d'adaptation à tous les milieux lui a permis de proliférer en dépit du piégeage et des persécutions.

Loup

Canis lupus
Gray wolf, timber wolf
Loup gris, loup des bois

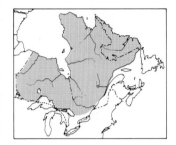 

On le rencontre aussi en Europe et en Asie.

Il habite la toundra arctique et les forêts de conifères et de feuillus; il vit plutôt loin de l'homme. Il a une densité de population de 1 ou 2 (maximum 10) individus/25 km². En période relativement sédentaire, il occupe un domaine de 100 à 750 km². Par contre, les saisons durant lesquelles il se déplace beaucoup, il peut couvrir au-delà de 800 km et même parcourir, en une seule journée, jusquà 60 km. À intervalles réguliers d'environ une semaine, il visite les sentiers établis de son territoire.

En période de reproduction, le loup gîte souvent dans un terrier de marmotte ou de renard qu'il remanie selon ses besoins. La terre s'entasse d'un côté de l'entrée ovale (diam. 35-65 cm), et un tunnel plus ou moins long (2-4 m) mène à la chambre (diam. 1 m) de sa tanière. Il préfère un emplacement surélevé, non loin d'un cours d'eau, où le sol est sablonneux. Il revient souvent à la même tanière d'une année à l'autre. Quelquefois, il s'abrite simplement dans un tronc d'arbre creux ou sous les racines d'une vieille souche en partie arrachée. L'hiver, il couche directement sur le sol et dort enroulé sur lui-même.

Actif tout l'hiver.

Il est plutôt nocturne, bien qu'on l'aperçoive parfois en début ou en fin de journée. Dans la toundra arctique, il a un horaire plutôt flexible, compte tenu de la luminosité de ces régions, mais il préfère quand même les heures les plus sombres du jour.

Grégaire, le loup possède une organisation sociale basée sur une hiérarchie de dominance où chacun s'impose aux membres d'un rang inférieur. La meute compte en moyenne 7 (2-14) individus. Le mâle dominant commande et seul le couple dominant se reproduit. Les jeunes n'occupent un rang dans la hiérarchie qu'une fois leur maturité sexuelle atteinte, ce qui ne leur confère pas pour autant le droit de procréer. La mise bas et l'élevage des petits forcent le loup à se sédentariser et à restreindre son territoire. En dehors de cette période, il voyage sur de grandes distances pour suivre les déplacements du gibier; le loup de la toundra arctique, en particulier, suit la piste du caribou, alors que son voisin du sud évolue dans le sillage plus statique du chevreuil. Le loup délimite les frontières de son territoire par son urine et ses excréments. Ses hurlements nocturnes, qui s'entendent à plus de 8 km à la ronde, avertissent les autres meutes de sa présence et de sa prise de possession du territoire.

Le loup est monogame. La femelle louvette dans la tanière et les membres de la meute lui rapportent à manger tant qu'elle ne quitte pas le gîte. Quand les petits ont 4 semaines, les parents commencent à leur régurgiter des aliments prédigérés. Ils apprennent graduellement à déchiqueter la viande et sont sevrés à l'âge de 8 semaines. Toute la meute participe à leur élevage, leur rapporte de la nourriture et leur manifeste une grande sollicitude. Si l'un des parents disparaît, un autre mâle ou une autre femelle le prendra en charge. Pendant que le père chasse, c'est le plus souvent la mère qui les garde, mais jamais les louveteaux ne sont laissés sans surveillance. La meute recommence à errer quand ils atteignent l'âge de 2 mois. Lorsqu'elle chasse, elle les laisse en cours de route dans un lieu sûr et vient les rejoindre avec leur part du festin sitôt l'expédition terminée. À leur maturité sexuelle, les jeunes devront quitter la meute s'ils veulent procréer à moins qu'ils ne supplantent un membre du couple dominant.

Carnivore, le loup se nourrit, l'hiver surtout, de gros mammifères tels que le caribou, le chevreuil ou l'orignal. Il capture le plus souvent des animaux jeunes, malades ou vieux. L'été, il ajoute à son régime lièvres, castors, marmottes, oeufs, oiseaux, fruits et insectes. Il capture à l'occasion un renard roux ou un renard arctique. À moins que la faim ne le tenaille, il dédaigne la charogne et les carcasses abandonnées par les autres. Il chasse le gros gibier en meute, mais ses poursuites sont loin d'être toutes fructueuses et 1 fois sur 10 seulement, il connaîtrait le succès. Quand la nourriture se fait rare, il arrive que deux meutes se relaient pour épuiser leur proie. S'il ne consomme pas la carcasse entière de sa proie, le loup en dissimule les restes et y revient plus tard. Toutefois, si la chasse est facile et que le gibier abonde, il se rassasie des meilleures parties et abandonne le reste à d'autres prédateurs et aux charognards. Un loup de la toundra pourrait consommer en moyenne 20 caribous par année.

L'odorat et l'ouïe du loup sont très développés; myope cependant, il discerne mal les objets immobiles. Coureur plutôt moyen, il peut atteindre la vitesse de pointe de 45 km/h, mais sa vitesse de croi-

sière (8 km/h) lui permet de courir jusqu'à 40 et même 60 km avant de tomber d'épuisement.

Généralement gris cendré, sa robe peut aller du blanc pur (dans les régions nordiques surtout) jusqu'au noir.

À la course, le loup porte la queue à l'horizontale ou légèrement relevée contrairement au coyote qui la porte basse. Il est aussi plus gros.

L'homme est son principal ennemi.

On le chasse pour sa fourrure. S'il s'attaque parfois au bétail des fermes isolées, il contribue néanmoins à l'équilibre des populations de gros mammifères.

Dans la neige, se suivant l'un derrière l'autre, les individus posent leurs pattes dans les mêmes pistes que le chef de file; ainsi, ils se fatiguent moins, tout en évitant d'éveiller l'attention sur la présence de la meute. On dit alors qu'ils marchent à la queue leu leu; cette expression nous vient du vieux français «à la queue le leu», où «leu» signifiait alors «loup».

Rusé et intelligent, le loup apprend vite et retient bien. Les croisements entre loup et chien sont fréquents et fertiles. Le loup a cependant fait l'objet de persécutions et de chasses intenses, et le développement agricole empiète sans cesse sur son espace vital; aussi sa population décline-t-elle sérieusement, au point qu'il a même disparu de certaines régions.

Renard arctique

Alopex lagopus
Arctic fox
Renard polaire, renard blanc, renard bleu

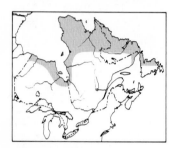

On le rencontre aussi au Groenland et dans le nord de l'Europe et de l'Asie. Il habite les régions circumpolaires.

Il vit dans la toundra arctique et peut suivre les traces de l'ours polaire jusque sur les banquises. Sa population fluctue selon un cycle de 3 ou 4 ans et suit la courbe du lemming avec un décalage de 1 an; rarement abondant, le renard arctique connaît au plus creux de la courbe une densité de population de 0,1 individu/km². Un couple vit sur un domaine d'environ 16 à 25 km², mais cette superficie peut se restreindre à 5 km² lorsque le lemming abonde.

L'été, il se creuse une tanière très profonde aux entrées multiples (diam. 20-30 cm) dans la berge d'un cours d'eau ou dans une petite butte. Il peut avoir jusqu'à 6 tanières sur une superficie de 10 km² et revient souvent aux mêmes endroits d'une année à l'autre. L'hiver, il se couche directement sur le sol; lors de grandes tempêtes, il se creusera un abri à même un banc de neige.

Actif toute l'année.

Il fait alterner les périodes d'activité et de repos, compte tenu de la luminosité des régions arctiques. Il tend cependant à s'affairer davantage aux heures les plus sombres du jour.

De mars à août, il mène une vie familiale et plutôt sédentaire. Le reste de l'année, il est solitaire et nomade.

Le renard arctique est monogame. Après la mise bas, la femelle allaite ses petits durant 3 ou 4 semaines, tandis que le mâle chasse pour lui rapporter à manger. Ses rejetons sevrés, celle-ci se met elle aussi en frais de chasser pour les nourrir et cette tâche accapare bientôt les parents jusqu'à 19 heures par jour. Les renardeaux

seront d'abord abandonnés par le père et finalement par la mère, à la mi-août.

Ce carnivore a une prédilection pour le lemming. Durant la période d'élevage, parents et rejetons peuvent en manger de 3 500 à 4 000; pour les capturer, ils creusent le tapis végétal et les arrachent à leurs nids. Le renard arctique se nourrit aussi de lièvres, de campagnols, d'oeufs, d'oisillons et de poissons. Si le gibier abonde, il dissimule ses restes; mais quand celui-ci se fait rare, il doit mener une existence plus nomade et parcourir des centaines de kilomètres pour assurer sa subsistance. Durant l'hiver, il vit dans le sillage de l'ours polaire ou du loup et mange les carcasses que ces derniers abandonnent. Il suit aussi les troupeaux de caribous.

Il possède un flair remarquable. Il court plus vite que le loup et peut suivre un ours polaire sur plusieurs kilomètres dans l'eau glacée, jusque sur ses banquises.

L'hiver, sa robe est blanche; une petite partie de la population, moins de 5%, arbore une robe variant du gris perle au bleu ardoise. L'été, les teintes du pelage peuvent varier du marron au brun.

En livrée d'été, on le différencie aisément du renard roux, car il ne porte pas de blanc sur le bout de la queue.

Homme, loup, ours blanc, glouton sont ses pires ennemis.

On le convoite surtout pour sa fourrure; celle-ci est d'ailleurs l'une des plus importantes ressources naturelles de l'Arctique.

Renard roux

Vulpes vulpes, Vulpes fulva
Red fox
Renard fauve, renard commun, renard argenté,
renard noir

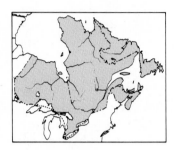 

On le rencontre aussi en Europe, en Asie et en Afrique du Nord.

Il vit surtout en terrain découvert, notamment dans les champs, les clairières, les bois aérés et près des rives des lacs. Sa population connaît une densité d'environ 0,25 individu/km² et fluctue selon un cycle d'environ 8 ans. Son domaine, d'une superficie approximative de 3 à 9 km², peut même atteindre 50 km² si la nourriture se fait rare. Il parcourt facilement 8 km en une nuit.

Pendant la période qui entoure la mise bas et l'élevage des jeunes, soit de février à juillet, il loge dans une tanière. De 1 à 3 m sous la surface, celle-ci possède généralement plusieurs issues dont l'ouverture mesure environ 30 cm de diamètre. Le renard roux la creuse lui-même, ou bien modifie le terrier d'une marmotte ou d'une autre espèce. S'il se contente quelquefois d'une bille creuse, il choisit de préférence un emplacement en bordure de la forêt, le long d'une berge, ou encore au sommet d'une butte. Il possède plus d'une tanière dans le même voisinage et peut ainsi changer de repère en cas de danger. En automne et en hiver, il s'abrite simplement sous un bosquet ou se couche directement sur le sol, enroulé sur lui-même.

Actif durant tout l'hiver.

Il est nocturne, mais on l'aperçoit parfois en début ou en fin de journée.

Solitaire de nature, il vit néanmoins en famille pendant 6 mois de l'année, soit du rut à la dispersion des petits. Il est plus nomade l'hiver que l'été et parcourt alors des kilomètres en quête de nourriture.

D'instinct territorial, il marque ses frontières avec son urine et ses excréments.

De tendance monogame, le mâle incline à retrouver chaque année la même femelle; au temps du rut, les partenaires abrègent alors les préludes amoureux de l'accouplement. Après la mise bas, la mère s'occupe des petits, tandis que le père part en quête de nourriture. Au sevrage, les renardeaux ont environ 1 mois et la mère commence à les nourrir d'aliments qu'elle régurgite. Ils ont environ 4 mois quand la famille se disperse à l'automne.

L'hiver, il se repaît surtout d'aliments carnés. Il capture beaucoup de petits rongeurs (souris, campagnols, écureuils, marmottes, rats musqués), ainsi que des lièvres, des taupes, des musaraignes et des oiseaux. L'été, il a un régime plus omnivore, car il ajoute à son menu poissons, invertébrés, fruits et verdure. Lors de disette, il se contente de charogne et de déchets.

Il chasse souvent en bordure des routes et le long des sentiers à gibier; les petits mammifères y abondent et il peut aller et venir sans éveiller l'attention. L'hiver, il fouille la neige pour repérer dans leurs galeries subnivales les petits rongeurs qu'il a flairés.

Il chasse les mêmes proies que les petits félins et avec les mêmes méthodes: affût, effet de surprise et bond prodigieux au moment opportun. Il les terrasse de la même manière: il enfonce ses longues canines à la base de la nuque jusqu'à ce que la pression endommage le système nerveux central. Il camoufle ses surplus de nourriture: avec son museau, il pousse terre, feuilles ou neige par-dessus ses restes.

L'ouïe du renard roux est aussi développée que son odorat; il peut détecter à un degré près l'origine d'un petit bruit. Sa vue est perçante et, comme chez les félins, sa pupille est verticale. En longueur, il saute facilement de 2 à 5 m, et même jusqu'à 8 m s'il est en pente. Il possède des griffes semi-rétractiles.

Ce renard arbore le plus souvent un pelage roux. Mais on peut aussi rencontrer d'autres variétés de couleur, soit l'argenté au poil noir alterné de bandes blanches, le brun grisâtre ou le noir. On observe parfois des sujets de teintes différentes au sein d'une même portée. L'extrémité de la queue touffue est blanche et les membres sont noirs chez tous les sujets.

Renard roux variété argentée

Homme, coyote, lynx, loup et chien le pourchassent.

Les trappeurs le convoitent pour sa fourrure. Il lui arrive parfois de causer des ravages dans les basses-cours, mais il se rend fort utile aux cultivateurs en exterminant quantité de petits rongeurs. Il peut être porteur de rage.

Timide, nerveux, le renard roux ne s'apprivoise guère, surtout si on le compare à d'autres espèces plus sociales. Cependant, il s'adapte bien à la présence de l'homme qui, par le truchement de l'exploitation agricole et forestière, a multiplié les terrains favorables à son épanouissement. L'espèce est donc plus répandue que jamais et on estime sa population à plus de 3 ou 4 millions en Amérique.

Renard gris

Urocyon cinereoargenteus
Gray fox, tree fox

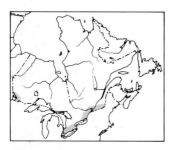

On le rencontre jusqu'en Amérique centrale et dans le nord de l'Amérique du Sud.

Il habite de préférence les régions boisées, mais on le retrouve aussi en terrain marécageux. Sa population connaît une densité de 1,2 individu/km².

Il choisit pour gîte une souche, un tronc d'arbre creux, un terrier ou même un espace sous un amas de roches. Contrairement au renard roux, il utilise son repaire toute l'année.

Actif toute l'année.

Nocturne, il s'aventure de jour à l'occasion.

En dehors des périodes de rut et d'élevage des petits, le renard gris est solitaire. Ses moeurs sont semblables à celles du renard roux. Il délimite ses frontières par son urine et ses excréments.

L'espèce est généralement monogame. Le couple élève ensemble ses petits, mais le mâle ne partage pas le même terrier que le reste de la famille. Les jeunes sont sevrés à l'âge de 12 semaines et se dispersent quand ils atteignent 4 mois.

Omnivore, il se nourrit de petits mammifères comme le lièvre, la souris et la marmotte, mais aussi d'insectes, de végétaux, de fruits et d'oisillons. Il peut vivre d'un régime presque exclusivement végétarien si les circonstances le lui imposent.

Il possède l'agilité du chat; c'est notre seul canidé apte à grimper aux arbres grâce à ses griffes très pointues et recourbées. À la course, il atteint la vitesse de pointe de 45 km/h, mais ne peut la maintenir que sur une courte distance.

Gris argenté dans l'ensemble, la robe est rousse sur les membres et noire sur le bout de la queue.

On le distingue des différentes variétés du renard roux par l'extrémité noire de sa queue.

Homme, lynx roux et chien comptent parmi ses principaux prédateurs.

Il rend service en exterminant beaucoup de petits rongeurs. Sa fourrure n'a pas une grande valeur marchande.

L'espèce est rare chez nous; on ne la retrouve que dans l'extrême sud du Québec et de l'Ontario.

Famille des **URSIDÉS**

Les ursidés ont une taille remarquablement imposante: les plus grandes espèces de cette famille atteignent des dimensions inégalées parmi les carnivores terrestres. Trapus, ils possèdent un tronc robuste, des membres courts et forts armés de puissantes griffes recourbées, de petites oreilles couvertes d'un poil fourni et une queue très courte. Plantigrades, ils peuvent marcher debout sur leurs membres postérieurs grâce à la grande surface portante de la patte. Leurs lèvres très mobiles comparativement aux autres carnivores leur permettent de happer de petits aliments comme des bleuets ou des insectes.

		ours noir	ours polaire
Long. totale *(m)*		1,4-1,9	2-3
Long. de la queue *(cm)*		8-15	8-13
Haut. au garrot *(cm)*		60-105	90-120 [160]
Poids *(kg)*		90-280	300-550 [250-700]
Doigts/orteils		5/5	5/5
Maturité sexuelle ♀ *(ans)*		3 [4]	4
Rut		juin-juillet	mi-février-mai
Gestation *(mois)*	totale	7-7 1/2	8 [6-9]
	réelle	2 1/2	2 1/2-3
Parturition		janvier-février	décembre-janvier
Jeune(s)/portée		2 [1-4]	2 [1-4]
Portée(s)/année		1 par 2 ans	1 par 3 ans [1 par 2 ans]
Poids à la naissance *(g)*		200-330	750-950
Ouverture des yeux *(semaines)*		6	6
Sevrage *(mois)*		5	5
Longévité *(ans)*	en liberté	15 [25]	20 [30]
	en captivité	34	40

[ ] quelquefois

Les ursidés, qui ne sont pas de véritables hibernants, entrent au cours de l'hiver dans un état de sommeil léthargique ou pseudo-hibernation. La gestation chez ces espèces est marquée par l'implantation différée des embryons dans l'utérus: le développement des ovules fécondés s'arrête après les premières divisions cellulaires et ne reprend son cours que dans les derniers mois de la gestation. L'implantation différée représente un avantage certain pour ces espèces, car les jeunes naissent au moment le plus propice à leur survie. On connaît environ 9 espèces d'ursidés dont 2 se rencontrent chez nous: l'ours noir et l'ours polaire.

Ours noir

Ursus americanus, Euarctos americanus
American black bear
Baribal

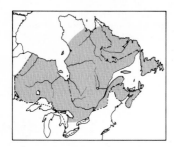

🌲 L'ours noir habite les forêts denses et on le rencontre à l'occasion dans la toundra. Il fréquente les abords des cours d'eau, les marais, les brûlis et les fourrés. Il a une densité de population d'environ 1 individu/14 km²; son domaine, qui couvre de 20 à 100 km² ou plus, consiste en une série de sentiers reliant des sites de prédilection.

🏠 L'été, il se cale tout simplement dans une dépression tapissée de mousse, sous les grosses branches d'un conifère ou dans une touffe de jeunes sapins. L'hiver, il gîte dans une caverne ou un arbre creux, sous une souche ou dans une crevasse dont il tapisse le fond de branches de conifères et autres végétaux.

❄️ De novembre à avril, il entre dans un état de pseudo-hibernation et vit de ses réserves de graisse. Au cours de ce sommeil hivernal, le rythme de son métabolisme ralentit et sa température corporelle peut diminuer de 4 à 7 °C.

☽ Il est surtout nocturne, mais on l'aperçoit de jour à l'occasion.

🐾 Solitaire en dehors de la période de reproduction, l'ours noir tolère cependant la proximité de ses congénères là où la nourriture abonde, entre autres autour des dépotoirs. Il occupe sur l'étendue de son domaine des sites de prédilection reliés par des sentiers que croisent aussi d'autres ours sans pour autant provoquer d'altercation. Il signifie néanmoins sa présence à ses congénères en frottant les glandes de son museau ou de son cou sur les arbres, en griffant l'écorce ou en urinant. Le plus souvent, il choisit le long de ses sentiers des arbres bien en vue qu'il signe de stimuli visuels ou olfactifs: il mord et griffe l'écorce, la déchire par lanières et, tout en la mâchonnant, l'imprègne de salive. Puis il gratte la substance juteuse sous-jacente avec ses dents dont il laisse l'empreinte dans

le bois par la même occasion. Plusieurs ours du même voisinage peuvent à tour de rôle réutiliser ces «poteaux». Ils viennent encore s'y frotter pour se débarrasser des poils morts, en période de mue surtout, ou pour soulager leurs démangeaisons.

Polygame, le mâle s'accouple avec plusieurs femelles. Cette espèce connaît une implantation différée (5 mois) de l'embryon et la gestation réelle dure environ 2 1/2 mois. La femelle met bas durant la période de pseudo-hibernation; elle élève seule ses petits. Nus et aveugles à la naissance, ceux-ci sont assez dégourdis pour la suivre dès le printemps. Les temps froids revenus, ils hivernent avec elle et la quittent pour la première fois à l'approche du rut, vers l'âge de 17 mois. Au cours de leur 3e hiver cependant, ils trouvent à nouveau refuge ensemble, non loin d'elle.

Le régime alimentaire de cet omnivore est, à 75% près, composé de végétaux. Il se nourrit de baies, de bleuets et autres petits fruits, de plantes herbacées, de feuilles, de noix, et de maïs dont il raffole. Il se repaît aussi de petits mammifères, de poissons et de charogne. À l'aide de ses puissantes griffes recourbées, il creuse le sol en quête de racines et retourne les vieux troncs d'arbres ou les pierres à la recherche d'insectes. Grâce à la protection que lui assure son épaisse toison et sa graisse sous-cutanée, il se rit des abeilles vindicatives auxquelles il dérobe du miel, un autre de ses délices. Quand les circonstances s'y prêtent, il envahit les dépotoirs. Il lui arrive à l'occasion de dissimuler ses restes de nourriture.

Il possède une vue plutôt faible, mais un odorat et une ouïe particulièrement bien développés. Sur une courte distance, il court sans peine à la vitesse de 45 km/h; il grimpe aux arbres avec agilité pour se nourrir ou s'esquiver. C'est aussi un excellent nageur.

Généralement uniforme, la robe comporte des nuances de noir suivant les individus et les saisons. Certains sujets portent un «V» blanchâtre sur la poitrine. Il arrive aussi, mais plus rarement, qu'on rencontre un individu de teinte cannelle.

Hormis l'homme ou une meute de loup, rares sont les prédateurs qui osent le défier.

Recherché pour sa fourrure, l'ours noir est apprécié tant des trappeurs que des amateurs de chasse sportive. Sa chair est excellente et, bien cuite, ne comporte aucun risque pour la santé. Il cause quelquefois des dommages dans les ruchers et il arrive que des individus vieux ou malades s'attaquent au bétail. Blessé ou traqué, il peut même s'attaquer à l'homme. Sa présence est très gênante dans les dépotoirs où il se regroupe et perd sa crainte naturelle de l'homme.

Ours polaire

Ursus maritimus, Thalarctos maritimus
Polar bear
Ours blanc

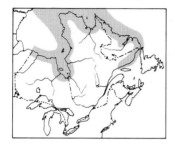

On le rencontre aussi au nord de l'Europe et de l'Asie et au Groenland. Il habite les régions circumpolaires.

Il vit le long du littoral et sur les glaces flottantes libérées des glaciers arctiques. On croit qu'une partie de la population entreprend des déplacements saisonniers suivant les changements d'englacement. La population qui immigre sur nos côtes descend, l'hiver, sur les glaces de dérive en provenance du sud de l'île de Baffin et du nord de la baie d'Hudson et s'en retourne par la côte au printemps. Le nombre d'ours varierait entre 60 et 90 au printemps le long de la côte du Labrador, ce qui représente la faible densité de 0,47 individu/100 km d'habitat potentiel ou propice à son épanouissement.

L'ours polaire creuse sa tanière dans le flanc d'un banc de neige, à une altitude de 12 à 750 m. Elle est généralement située près d'une rivière ou d'un ruisseau, mais rarement à plus de 8 km de la mer, et comprend 1 ou 2 galeries munies de bouches d'aération. C'est dans ce repaire que les femelles parturiantes et les individus pris d'un sommeil léthargique passent l'hiver. En d'autres temps, l'ours polaire se contente d'une dépression au sol ou d'un trou qu'il creuse dans la neige, bien à l'abri du vent.

De novembre à la fin de mars, les femelles gestantes entrent dans un état de pseudo-hibernation. Ce sommeil léthargique affecte aussi certaines femelles avec leurs rejetons, mais pour un laps de temps plus court. Les mâles adultes et les jeunes demeurent généralement actifs tout l'hiver. Il leur arrive cependant eux aussi de connaître une courte période de pseudo-hibernation, surtout quand ils occupent les régions les plus froides, ou bien lors de disette.

Il fait alterner périodes d'activité et de repos, compte tenu du cycle de la lumière dans les régions nordiques.

À l'exception des femelles avec leurs jeunes, l'ours polaire est solitaire. Cependant, si la nourriture abonde, comme c'est le cas lorsqu'une baleine échoue, il peut se regrouper en assez grand nombre autour du festin.

Pendant le rut, qui dure de février à mai, la femelle accepte plusieurs mâles. S'il y a fécondation après l'accouplement, le développement de l'embryon s'arrête après les premières divisions cellulaires au stade de blastocyste, et son implantation dans l'utérus est différée jusqu'en septembre ou en octobre. Trois mois plus tard, des petits aveugles et couverts de poils fins voient le jour dans la tanière au cours de la période de pseudo-hibernation de la femelle. Ils quittent leur repaire au mois de mars ou avril, mais vivent avec leur mère jusqu'à l'âge de 2 1/2 ans environ. Le mâle ne participe pas à leur élevage.

On possède très peu de données concernant la mise bas sur la côte nord du Québec et du Labrodor, mais les tanières y semblent très rares. Certaines hypothèses attribuent ce phénomène à des facteurs climatiques selon lesquels les glaces ne migreraient pas assez vite vers le sud pour permettre à temps l'aménagement des tanières. La chasse, plus particulièrement le braconnage, y aurait aussi sa part de responsabilité.

Essentiellement carnivore, l'ours polaire a un régime alimentaire composé en grande partie de phoque. Il se repaît surtout de phoque annelé, mais aussi de phoque du Groenland, de phoque à capuchon et de phoque barbu. Pour les chasser plus facilement, il se déplace avec les glaces. Il consomme aussi jeunes morses, poissons, lemmings, nettoie les carcasses de baleines échouées et, l'été, ajoute à ce régime oeufs, oisillons, fruits et plantes herbacées. Il lui arrive quelquefois d'attraper un caribou ou un renard. Un adulte peut consommer jusqu'à 40 kg d'aliments par jour. Rusé et très patient, l'ours polaire s'accroupit parfois des heures devant le trou aménagé dans la glace par un phoque et guette l'instant où celui-ci remontera y respirer. Il peut aussi plonger pour rejoindre sous l'eau des oiseaux de mer et les happer.

Il possède une vue perçante et un odorat d'une sensibilité exceptionnelle; par contre, l'ouïe est plutôt faible. Bon coureur, il peut atteindre sur de courtes distances la vitesse de 30 km/h. Le poil dense qui recouvre la plante de ses pattes l'empêche de glisser sur la glace. Excellent nageur (jusqu'à 10 km/h), il passe dans l'eau de longues heures durant lesquelles il parcourt des dizaines de kilomètres. Il plonge jusqu'à une profondeur de 3 m et reste submergé jusqu'à 2 mn s'il le veut. Son corps a un poids spécifique proche de celui de l'eau grâce à l'air qu'emmagasine sa fourrure et aussi à son importante masse de graisse; ces propriétés augmentent de

beaucoup sa résistance à la nage. De plus, une membrane interdigitale relie les doigts entre eux sur plus de la moitié de leur longueur.

La robe, de teinte blanc crème, jaunit avec l'âge.

L'homme est son principal prédateur, mais à l'occasion un épaulard ou un morse mâle adulte se mesurent à lui.

Il est surtout recherché pour sa fourrure, mais aussi pour sa chair par les habitants du Nord.

Famille des **PROCYONIDÉS**

Les procyonidés ont un corps généralement massif et chez plusieurs, les teintes du pelage dessinent un masque sur la face et des anneaux autour de la queue. Ils sont plantigrades et leurs pattes antérieures, qui travaillent comme de petites mains, peuvent exécuter des manipulations compliquées. Ils ont des habitudes de vie tant terrestres qu'arboricoles. Plus omnivores que carnivores, certains ont même opté à travers les temps pour un régime composé surtout de fruits. Tous ont l'odorat fin, la vue et l'ouïe bien développées. Des 18 espèces répertoriées, seul le raton laveur vit chez nous.

		raton laveur
Long. totale *(m)*		0,6-1
Long. de la queue *(cm)*		20-30
Haut. au garrot *(cm)*		35
Poids *(kg)*		5,5-17
Doigts/orteils		5/5
Maturité sexuelle ♀ *(mois)*		10
Rut		février-mars
Gestation *(jours)*		63
Parturition		avril-mai
Jeune(s)/portée		4-5 [1-7]
Portée(s)/année		1
Poids à la naissance *(g)*		55-75
Ouverture des yeux *(jours)*		21
Sevrage *(mois)*		4
Longévité *(ans)*	en liberté	10-12
	en captivité	13 [20]

[ ] quelquefois

Raton laveur

Procyon lotor
Raccoon, coon
Chat sauvage

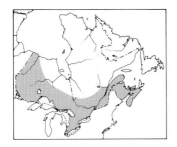 

L'espèce est répandue jusqu'en Amérique centrale. On la rencontre aussi en Europe où des sujets introduits en captivité se sont échappés et ont proliféré à l'état sauvage.

Le raton laveur habite les forêts de feuillus ou d'essences mixtes. On le rencontre surtout à la lisière de bois traversés de ruisseaux, de rivières ou de lacs. Il fréquente aussi nos campagnes et même nos villes, mais de préférence à proximité d'une source d'eau. Sa population connaît une densité de 0,1 à 1 individu/5 ha et son domaine atteint 3 à 4 km².

Il gîte le plus souvent dans un arbre creux ou une bille creuse. Dans les régions moins boisées cependant, il peut élire domicile au creux d'un rocher, dans un terrier de marmotte et quelquefois dans un vieux bâtiment.

De novembre à février, le raton laveur entre en état de pseudo-hibernation. Durant ce sommeil léthargique, il vit de ses réserves de graisse et peut perdre jusqu'à 20% de son poids. Il lui arrive quelquefois de sortir par temps doux.

Il est surtout nocturne, bien qu'on l'aperçoive de temps en temps le jour.

L'espèce est sédentaire et solitaire. Même si le raton laveur est peu territorial et que les domaines se chevauchent sans créer d'incident, les individus s'évitent et signalent leur présence à leurs congénères en laissant des traces d'urine, d'excréments ou de sécrétions de leur glandes anales.

Polygame, le mâle demeure plusieurs jours avec la même femelle, puis change de partenaire; par contre, la femelle n'accepte les avances que d'un seul soupirant. Elle élève seule ses petits et les sèvre à l'âge de 4 mois. S'ils ne la quittent pas à l'automne, elle les chasse au printemps suivant pour donner naissance à une autre portée.

Le raton laveur est omnivore; fruits, noix, insectes, mollusques, écrevisses, grenouilles, petits poissons, oisillons, souris, écureuils et jeunes rats musqués font partie de son régime. Il a une prédilection pour le maïs sucré. Il est aussi nécrophage, c'est-à-dire qu'il se nourrit d'animaux morts, et il a une réputation de videur de poubelles.

La vue et l'ouïe du raton laveur sont bien développées. Il possède une grande sensibilité olfactive et une perception tactile du museau et des doigts remarquables. Son sens aigu du toucher lui permet de reconnaître facilement les objets, en particulier lorsqu'il fouille les cours d'eau en quête de nourriture. Ses pattes préhensiles travaillent comme de véritables mains. Lorsqu'il court de son galop roulant, le raton laveur peut atteindre 24 km/h sur une courte distance. Tant arboricole que terrestre, il grimpe aux arbres avec une grande agilité. Il excelle aussi à la nage, mais ne plonge pas et évite les eaux profondes.

Sa robe varie du brunâtre au grisâtre; il possède le masque facial et la queue cerclée d'anneaux noirs typiques de la plupart des procyonidés.

L'homme est son pire ennemi, mais le lynx roux, le renard roux, le coyote et la martre le pourchassent aussi. Le grand duc s'attaque parfois aux jeunes.

✵Les trappeurs convoitent sa fourrure; sa chair est en plus comestible et bonne au goût. Il lui arrive de causer des ravages dans les vergers, les potagers, les clapiers et les poulaillers. Les cultivateurs de maïs le considèrent comme un fléau, car il affectionne tout particulièrement ce légume et ne se gêne pas pour envahir leurs champs. C'est aussi un pilleur de poubelles assidu.

▷Curieux, astucieux, le raton laveur apprend facilement et sait profiter de son expérience; il sait aussi tirer parti de la présence de l'homme. Son nom latin, *lotor,* signifie «laveur», et son nom anglais, raccoon, de arakum en algonquin, signifie «qui gratte avec ses mains». Ces noms proviennent de l'habitude qu'il a de tâter ses aliments avant de les manger, donnant l'impression qu'il les lave.

Famille des **MUSTÉLIDÉS**

Petites oreilles, pattes courtes, corps fin et allongé confèrent aux mustélidés une apparence serpentiforme. Quelques-uns cependant, comme la moufette et le carcajou, s'écartent de ce tableau par leur apparence trapue. Très vives, les espèces serpentiformes ont une démarche alternée de mimiques de fuites et de bonds, tandis que les espèces trapues adoptent une allure plus désinvolte de roulement, traînant plus ou moins leurs pieds à la manière de l'ours. C'est chez les membres de cette famille que les glandes anales atteignent leur développement le plus sophistiqué. Situées de chaque côté de l'anus, ces glandes sécrètent et retiennent un liquide d'odeur fétide qui sert le plus souvent à marquer le territoire, mais certaines espèces peuvent même le projeter à distance pour se défendre. Chez la majorité des mustélidés, la gesta-

		martre d'Amérique	pékan	hermine	belette à longue queue	bel pyg
Long. totale *(cm)*		49-68	75-104	20-32	30-45	17-
Long. de la queue *(cm)*		14-22	30-40	4-9	10-16	2-
Poids *(kg ou g)*		0,5- 2 kg	1,3-6 kg	45-180 g	85-270 g	38-5
Doigts/orteils		5/5	5/5	5/5	5/5	5/
Maturité sexuelle ♀ *(mois)*		15	24 [12]	3	4	4
Rut		juil.-août	mars-avril	juil.-août	juil.-août	toute l
Gestation	totale *(mois)*	8 1/2-9	11 1/2-12	8 1/2-10	7-11	35-3
	réelle *(jours)*	25-28	42	28	23-24	35-
Parturition		avril	mars-avril	avril-mai	avril-mai	toute l
Jeune(s)/portée		3-4 [1-5]	3 [1-5]	4-8 [3-10]	4-8 [3-9]	4-5
Portée(s)/année		1	1	1	1	2
Poids à la naissance *(g)*		28-30	35	1,5-2	3,1	1,
Poils à la naissance		oui	oui	oui	peu	no
Ouverture des yeux *(jours)*		37-40	49-51	34-38	35-37	23-
Sevrage *(semaines)*		6-7	12-16	5-6 [4-7]	5-6 [4-7]	6 [4
Longévité *(ans)*	en liberté	7-8	8-9	5	5-6	5
	en captivité	15	9-10	6-8	7-8	7-

[ ] quelquefois

tion est caractérisée par une implantation différée des embryons. Après la fécondation, il y a début de division cellulaire de l'ovule fécondé, puis le développement s'arrête. L'activité reprendra avec l'implantation des embryons qui peut survenir de 2 à 45 semaines plus tard. À quelques exceptions près, les mustélidés ont un régime alimentaire typiquement carnivore. Ils tuent quasi instantanément leurs victimes en les mordant à la base de la nuque. Le stimulus que provoque la vue d'une proie déclenche, indépendamment de l'appétit du prédateur, le réflexe de poursuite et de capture. Ainsi, même rassasiées, certaines espèces causent de véritables hécatombes quand elles s'introduisent dans les basses-cours, excitées par la panique des animaux poursuivis. Même si elles stockent les carcasses qu'elles ne consomment pas, ce comportement leur a valu la réputation d'êtres sanguinaires. Pour cette raison, mais aussi à cause de l'attrait de leur fourrure, on leur a fait une chasse sans merci. Néanmoins, les mustélidés nous débarrassent chaque année d'une quantité impressionnante de vermine et se rendent ainsi fort utiles. La famille des mustélidés, une des plus grandes de l'ordre des carnivores, compte plus de 65 espèces dont 9 sont représentées chez nous: la martre d'Amérique, le pékan, l'hermine, la belette à longue queue, la belette pygmée, le vison d'Amérique, le carcajou, la moufette rayée et la loutre de rivière.

vison d'Amérique	carcajou	moufette rayée	loutre de rivière		
42-66	80-110	50-75	90-130	Long. totale *(cm)*	
13-21	17-26	18-27	30-50	Long. de la queue *(cm)*	
0,5-1,6 kg	7-20 kg	1-6,3 kg	4-14 kg	Poids *(kg ou g)*	
5/5	5/5	5/5	5/5	Doigts/orteils	
10	15-36	10-11	24	Maturité sexuelle ♀ *(mois)*	
fév.-mars	mi-mai-août	mi-fév.-mars	mars-avril	Rut	
1 1/4-2 1/2	7-8 1/2	62-68 jrs	9 1/2-12 1/2	Gestation	totale *(mois)*
28-30	35-40	62-68	56-60		réelle *(jours)*
avril-mai	fév.-avril	mai	mars-mai [janv.-mai]	Parturition	
3-6 [2-10]	2-3 [2-5]	4-6 [2-10]	2 [1-5]	Jeune(s)/portée	
1	1 par 2 ans [1 par 3 ans]	1	1	Portée(s)/année	
9	90-100	33	132	Poids à la naissance *(g)*	
peu	oui	peu	oui	Poils à la naissance	
30-35	28-30	20-25	30-35	Ouverture des yeux *(jours)*	
5-6	8-10	6-7	12-16	Sevrage *(semaines)*	
4-7	13-15	4-5	8-9	Longévité *(ans)*	en liberté
8-10	15-16	10	16-21		en captivité

Martre d'Amérique

Martes americana
American marten, American sable
Zibeline d'Amérique

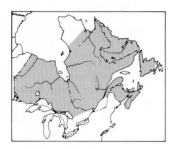 

Deux espèces apparentées, la martre commune *(Martes martes)* et la fouine *(Martes fouina),* habitent l'Eurasie.

Elle fréquente surtout les forêts de conifères et vit généralement loin de l'homme. Sa population a une densité de 0,2 à 1 individu/km². Le domaine du mâle (2,6 km²) englobe celui, plus petit (0,6 km²), de la femelle et atteint même jusqu'à 30 km² lors de disette. La martre peut parcourir 16 km en une nuit.

Elle gîte dans une bille creuse, un tronc creux, un nid d'oiseau, un trou de pic ou tout simplement sous une souche ou un amoncellement de pierres. Elle tapisse souvent son refuge de végétation.

Active tout l'hiver, elle se terre cependant lors de froids intenses.

Principalement nocturne, elle est quelquefois observée de jour, surtout par temps nuageux.

Très solitaire, la martre marque son territoire avec son urine, ses excréments ou les sécrétions de ses glandes ventrales. Elle n'aura recours à ses glandes anales que si elle se sent menacée.

La martre frotte ses glandes ventrales sur le sol, non seulement pour signifier sa présence, mais aussi pour marquer le début de la saison des amours. La femelle en chaleur demeure réceptive pour une période d'environ 2 semaines. La gestation réelle (25-28 jours) survient après une implantation différée (7 1/2-8 mois) des embryons dans l'utérus. La mère élève seule ses petits. Elle commence à leur apporter de la viande quand elle les sèvre, vers l'âge de 6 semaines. Ils la quitteront à l'âge de 3 ou 4 mois.

La martre a un régime alimentaire composé à 75% près de petits mammifères: écureuils, notamment l'écureuil roux, souris, tamias,

lièvres, etc. À tendance omnivore, elle se repaît aussi de poissons, de mollusques (même si elle ne prise guère l'eau), d'oiseaux, d'oeufs, d'insectes et de charogne. En été, elle consomme une quantité importante de fruits. Elle ne tue pas plus de proies qu'elle ne peut en consommer et cache des réserves de nourriture dans le sol ou la neige.

Digitigrade aux griffes semi-rétractiles, la martre peut bondir sur 3 m, de branche en branche. Elle est si habile à grimper et à se déplacer dans les arbres qu'on a peine à ne pas la classer parmi les espèces arboricoles. Même si elle a tendance à éviter l'eau, elle nage et plonge aisément. En hiver, elle circule sans peine sous la neige.

La teinte du pelage va du chamois au brun. Les membres et la queue sont plus foncés que le reste du corps et on remarque une tache orangée sur la gorge.

Elle a peu d'ennemis et, après l'homme, le pékan est le pire. Occasionnellement, elle est la proie du grand duc, du lynx, du renard roux ou du coyote.

La martre est l'une des espèces les plus recherchées pour sa fourrure.

Sa curiosité sans bornes en fait une proie facile pour le trappeur. Par suite du piégeage et de la régression de son habitat (due à l'exploitation forestière, au feu, etc.), cette espèce diminue de façon inquiétante.

Pékan

Martes pennanti
Fisher, pekan
Martre de Pennant

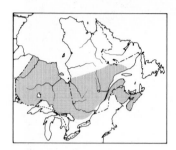 

Il habite les forêts de conifères et fréquente les abords des cours d'eau. On le rencontre aussi dans les forêts de feuillus et les anciens brûlis. Il vit loin de l'homme. Plus vaste pour le mâle (30 km²) que pour la femelle, son domaine peut atteindre 300 km² en cas de disette. Il emprunte dans ses randonnées des sentiers familiers.

Troncs creux, billes creuses, fourrés, crevasses rocheuses, et quelquefois un trou qu'il se creuse dans la neige lui servent de gîte.

Actif tout l'hiver, il se terre toutefois pendant les intempéries.

Principalement nocturne, il s'affaire aussi de jour.

Le pékan est solitaire. Il marque son territoire au moyen de son urine, de ses excréments et de ses glandes anales.

L'embryon connaît dans l'utérus une implantation différée (10-10 1/2 mois) et la gestation réelle dure environ 6 semaines, ce qui donne au total une durée de gestation de près de 1 an. À peine 1 semaine après avoir mis bas, la femelle pékan redevient en chaleur et s'accouple de nouveau. Elle est donc pratiquement toujours gestante. Sevrés à l'âge de 3 ou 4 mois, les petits quittent leur mère à l'automne vers l'âge de 6 mois. Le père ne participe pas à leur élevage.

Il est omnivore, quoiqu'il se nourrisse en grande partie (80%) de petits mammifères: écureuils, notamment l'écureuil roux, lièvres, souris, campagnols et musaraignes. Ce rare prédateur du porc-épic le retourne vivement sur le dos pour s'attaquer à l'abdomen dépourvu de piquants. Le pékan est aussi le pire ennemi de la martre: deux fois plus rapide qu'elle, il peut descendre tête première d'un arbre pour la saisir. Le reste de son régime est composé d'oi-

seaux, de poissons, d'insectes et de charogne auxquels s'ajoutent en été une grande quantité de fruits.

Digitigrade, le pékan possède des griffes semi-rétractiles. Même s'il mène une vie moins arboricole que la martre, c'est un excellent grimpeur, et si la martre peut attraper un écureuil, symbole d'agilité dans les arbres, le pékan, lui, peut attraper la martre. C'est aussi un habile nageur.

La robe est brun foncé, presque noire. Sur la tête, les épaules et le dos, l'extrémité du poil est d'un blanc grisâtre. Le pékan ressemble à un gros chat noir.

L'homme et à l'occasion le lynx sont ses seuls prédateurs.

On le recherche pour sa fourrure bien qu'il soit très rare. Là où il est présent, il exerce un certain contrôle sur les populations de porcs-épics dont il apprécie grandement la chair.

La population de pékans diminue de façon inquiétante à cause du piégeage et de la régression constante de son habitat.

Hermine

Mustela erminea
Ermine, stoat, short-tailed weasel
Belette à queue courte

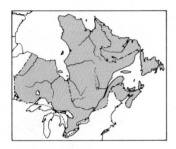

Espèce très répandue que l'on rencontre aussi au Groenland, en Europe et dans le nord de l'Afrique et de l'Asie.

Peu sélective, elle habite tant les régions boisées que les terrains plus découverts, comme les champs de broussailles, les terres en friche ou les tourbières, pourvu qu'elle y trouve facilement refuge. Sa population atteint parfois la densité, élevée pour cette espèce, de 1 individu/13 ha et son domaine est d'environ 5 à 20 ha.

Elle gîte dans des souches ou des billes creuses, sous ou dans de vieux bâtiments, dans les terriers de petits rongeurs (souris, tamias), parmi des amas de roches ou de bois, et même dans le foin engrangé. Elle tapisse son nid de poils et de végétation.

Active tout l'hiver, elle se déplace beaucoup sous la neige et à l'intérieur des galeries subnivales de ses proies.

Principalement nocturne, elle s'aventure aussi de jour.

L'hermine est solitaire. Elle délimite son territoire en laissant bien en vue ses excréments et des sécrétions de ses glandes anales. Contrariée, elle émet une odeur provenant de ses glandes anales presque aussi désagréable que celle de la moufette.

Chez cette espèce, l'embryon connaît dans l'utérus une implantation différée (7 1/2-9 mois) et la gestation réelle dure environ 4 semaines. Les petits, que les parents élèvent ensemble, mangent de la chair depuis un certain temps déjà quand, peu après l'ouverture de leurs yeux vers l'âge de 35 jours, ils s'aventurent hors du nid. Ils sont sevrés vers l'âge de 5 ou 6 semaines et se dispersent à l'automne.

Carnivore, l'hermine se nourrit presque exclusivement de petits mammifères, souris et musaraignes surtout, mais aussi d'écureuils, de tamias et de petits lièvres. Elle complète ce menu de quelques oiseaux, poissons et insectes. La taille élancée de ce chasseur hardi lui permet de s'infiltrer dans les terriers et les galeries subnivales des petits rongeurs. Elle consomme en aliments plus du tiers de son poids par jour. Comme la nature n'est pas tous les jours généreuse, l'hermine tend à tuer plus de proies qu'elle n'en mange et accumule les surplus qu'elle cache pour les jours de disette.

Elle est digitigrade et principalement terrestre. Vive et agile, elle excelle à grimper, saute jusqu'à 1 m de haut et 1,5 m de long, et nage sans peine.

En été, la robe est brune sur le dos et blanc crème en partie ventrale (gorge, abdomen et face interne des membres), alors qu'en hiver elle est entièrement blanche; le bout de la queue reste noir toute l'année. La queue mesure moins du tiers de la longueur totale du corps.

La queue plus courte et, l'été, la couleur pâle de la face interne des membres la distinguent de la belette à longue queue.

Homme, coyote, renard, martre, pékan, carcajou, chat et oiseaux de proie en font leur pâture.

Elle est recherchée pour sa fourrure. S'il lui arrive de littéralement razzier un poulailler, les dégâts de ces incursions sont minimes comparativement à la quantité de vermine qu'elle détruit.

Belette à longue queue

Mustela frenata
Long-tailed weasel

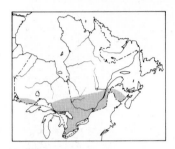

On la rencontre aussi en Amérique centrale et dans le nord de l'Amérique du Sud.

Elle habite des régions très variées, le plus souvent en terrain découvert: prairies, champs, clairières, où elle fréquente les abords des cours d'eau. Sa population a une densité de 2 à 5 individus/km^2 et son domaine, d'environ 12 à 20 ha en général, peut même atteindre 150 ha. Les domaines des individus se chevauchent.

Elle gîte dans les terriers de petits mammifères, notamment ceux de tamias. Elle trouve aussi refuge parmi les amas de roches ou de bois, sous de vieux bâtiments ou dans le foin engrangé. Elle tapisse son nid de poils, de plumes ou de végétation.

Active tout l'hiver.

Elle est principalement nocturne, mais elle s'aventure quelquefois de jour.

La belette à longue queue est solitaire. Elle délimite son territoire en frottant ses glandes anales sur des objets bien en vue. Importunée, elle émet une odeur provenant de ses glandes anales presque aussi désagréable que celle de la moufette.

La saison des amours survient au printemps. Après la fécondation, l'implantation des embryons est différée (6-10 mois) et leur développement ne reprend qu'au printemps suivant; à partir de ce moment, la gestation réelle dure environ 24 jours. Le mâle partage le fruit de sa chasse avec la femelle pendant qu'elle allaite sa progéniture. Les petits s'aventurent hors du nid peu après l'ouverture de leurs yeux (35 jours) et se dispersent vers l'âge de 7 ou 8 semaines.

Carnivore, elle se nourrit presque exclusivement de petits mammifères, des rongeurs surtout (souris, campagnols, tamias, écureuils),

mais aussi de musaraignes, de lapins, de lièvres et de belettes pygmées. À ce régime elle ajoute oiseaux et leurs oeufs, amphibiens, insectes, volaille, et quelques baies en été. Elle consomme en aliments plus du tiers de son poids par jour. Elle tue ses proies en les mordant à la base de la nuque. Quand elle peut, elle tue au-delà de ses besoins et cache le surplus pour les jours de disette.

Elle est digitigrade. Plutôt terrestre, elle excelle aussi à grimper et n'hésite pas à nager.

L'été, sa robe est en grande partie brune, sauf en partie ventrale (gorge et abdomen), où elle est d'un blanc crème. L'hiver, elle est entièrement blanche. Le bout de la queue reste noir toute l'année; celle-ci mesure plus du tiers de la longueur totale du corps.

Sa queue est plus longue que celle de l'hermine et, contrairement à cette dernière, la face interne de ses membres est brune en été. C'est la plus grande de nos trois belettes.

Homme, renard roux, coyote, loup, chien, chat et hibou la pourchassent.

Elle est recherchée pour sa fourrure. La belette à longue queue est celle de nos belettes qui s'adonne le plus souvent à des razzias dans les basses-cours. Elle détruit cependant moult rongeurs compétiteurs en ce domaine et ses bienfaits surpassent ses méfaits.

Belette pygmée

Mustela nivalis, Mustela rixosa
Least weasel, common weasel
Petite belette, belette commune

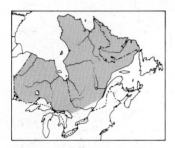

Cette espèce est très répandue. On la rencontre aussi en Europe et dans le nord de l'Afrique et de l'Asie.

La belette pygmée habite des régions très diversifiées, mais plutôt découvertes telles que les prairies, les champs et les forêts clair-semées. Elle fréquente les abords des cours d'eau. Son domaine couvre une superficie d'environ 1 ou 2 ha.

Elle gîte dans les terriers de petits mammifères et notamment ceux de souris, de taupes et de tamias. Elle tapisse son nid de poil et de végétation.

Active tout l'hiver, elle se déplace régulièrement à l'intérieur des galeries subnivales des petits rongeurs et des insectivores.

Principalement nocturne, elle s'aventure aussi de jour.

La belette pygmée est solitaire, sauf au temps du rut et de l'élevage des petits. Elle délimite son territoire en laissant des sécrétions de ses glandes anales et des excréments sur les objets bien en vue. Importunée, elle émet une odeur provenant de ses glandes anales presque aussi désagréable que celle de la moufette.

Contrairement à ce qui se passe chez nos autres belettes, l'implantation des embryons dans l'utérus n'est pas différée chez la belette pygmée qui met bas au terme d'une gestation de 35 à 37 jours. Elle peut donc avoir jusqu'à 2 ou 3 portées par année.

Carnivore, elle se nourrit presque exclusivement de petits mammifères, entre autres de musaraignes, de taupes et de souris auxquels s'ajoutent parfois des amphibiens et des insectes. Elle poursuit rongeurs et insectivores jusque dans leurs terriers et leurs galeries subnivales où, plus petite encore que l'hermine et la belette à

longue queue, elle capture des espèces inaccessibles à ces dernières. Elle consomme en aliments plus de la moitié de son poids par
jour. Quand elle le peut, elle tue plus de proies qu'elle n'en mange
et accumule le surplus qu'elle cache pour les jours de disette.

Digitigrade et terrestre, elle se déplace au sol par petits bonds gra-
cieux.

En été, la robe est brune sur le dos et blanche en partie ventrale, du
menton à la base de la queue, ainsi que sur les pattes. Elle est
entièrement blanche en hiver. La queue est courte.

On l'identifie facilement à sa queue courte et dépourvue en son
extrémité d'un pinceau de poils noirs, trait commun à nos autres
belettes.

Belette à longue queue, renard, chat et hibou comptent parmi ses
prédateurs.

Peu abondante, elle a donc une influence négligeable sur l'environnement, bien qu'elle détruise les petits rongeurs. Les trappeurs
l'apprécient pour sa fourrure.

Rare chez nous, la belette pygmée est le plus petit de nos carnivores et l'un des plus féroces.

Vison d'Amérique

Mustela vison
American mink

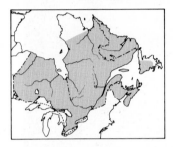

On le rencontre aussi en Europe où des sujets introduits en captivité se sont échappés et ont proliféré à l'état sauvage.

Il fréquente surtout les rives des cours d'eau, à la lisière des bois. Il a une densité de population approximative de 2 à 5 individus/km^2 et le vaste domaine du mâle (8-10 km^2) peut englober celui (0,08-0,25 km^2) de plusieurs femelles.

Il se déplace beaucoup et, par conséquent, n'a pas d'abri fixe. Il loge en bordure des cours d'eau et emprunte souvent le terrier du castor ou du rat musqué à moins qu'il ne s'en creuse un lui-même. Il lui arrive aussi de se terrer sous quelque racine d'arbre, sous une souche ou encore dans une bille creuse. Il emménage parfois dans une hutte de castor abandonnée.

L'hiver, seules les pires intempéries le forcent à garder le gîte.

Principalement nocturne, il s'affaire aussi de jour par temps couvert.

Le vison est solitaire, sauf au temps du rut et de l'élevage des petits. D'instinct territorial très marqué, il délimite son territoire de chasse par les sécrétions de ses glandes anales. D'un rayonnement moindre, celles-ci sont toutefois presque aussi nauséabondes que celles de la moufette. Plus nomade que la femelle, le mâle se déplace sur de grandes distances (2-5 km) le long des cours d'eau.

À la saison des amours, le mâle voyage encore plus que de coutume. Polygame, il s'accouple au hasard avec plusieurs femelles occupant son territoire. L'implantation des embryons à la paroi utérine est différée (2-6 semaines) et la gestation réelle dure environ 28 à 30 jours. Après la mise bas, le mâle peut cohabiter avec une femelle et participer à l'élevage des petits. Les jeunes sont sevrés vers l'âge de 5 ou 6 semaines et quittent leur mère à l'automne.

Poissons, grenouilles, crustacés et autres animaux aquatiques comptent pour une bonne part dans l'alimentation de ce carnivore. Le vison se nourrit aussi de rongeurs et manifeste à cet égard une prédilection pour le rat musqué. Il consomme également des lapins, des lièvres, des oiseaux et quelques insectes. L'hiver, profitant de la couche d'air sous la glace, il circule librement dans les étendues d'eau, en quête de nourriture, grâce à un trou qu'il aménage dans la glace. Il tend à tuer plus de proies qu'il n'en mange et cache ses surplus pour les jours de disette.

Aussi à l'aise dans l'eau que sur terre, le vison mène une vie semi-aquatique. Même si son adaptation à ce milieu est moins poussée que celle de la loutre, il excelle à nager comme à plonger. Il a le pied légèrement palmé. Au sol, ce digitigrade se déplace par bonds, escalade les obstacles avec agilité et peut même grimper aux arbres, quoiqu'il s'y adonne rarement.

Sa fourrure luisante, d'un brun presque noir, porte une tache blanche au menton, à la gorge et quelquefois à la poitrine et sur le ventre.

Homme, grand duc, lynx roux et renard roux sont ses principaux prédateurs, mais il tombe quelquefois sous la patte du coyote, du loup ou de l'ours noir.

Le vison est très recherché pour sa précieuse fourrure. Si parfois il s'adonne à des ravages dans les piscicultures et les poulaillers, il se rend par contre fort utile en détruisant de nombreux rongeurs nuisibles.

Carcajou

Gulo gulo, Gulo luscus
Wolverine, skunk bear, glutton
Glouton, hyène du nord

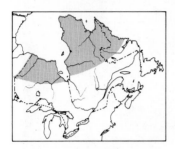 

On le rencontre aussi dans le nord de l'Europe et de l'Asie; il habite les régions circumpolaires.

Il vit dans la toundra et la taïga. Le mâle occupe un vaste domaine (2 000 km²) qui englobe celui (400 km²) de plusieurs femelles. Le carcajou parcourt son domaine à intervalles réguliers de 10 à 15 jours, empruntant des sentiers habituels; il peut parcourir jusqu'à 150 km en 24 heures.

Même lors d'intempéries, le carcajou n'a pas de véritable abri. Il se couche à même le sol ou la neige; quelquefois il a recours à une crevasse rocheuse, ou encore à une dépression sous un tronc d'arbre ou sous une racine.

Actif tout l'hiver.

Il tend à faire alterner périodes d'activité et de repos toutes les 3 ou 4 heures.

Très territorial, le mâle ne tolère l'incursion d'aucun congénère du même sexe, mais partage son domaine avec 2 ou 3 femelles. Il délimite son territoire avec les sécrétions de ses glandes ventrales, ses fèces et son urine. S'il se sent en danger, il a recours à ses glandes anales dont il pourrait projeter les sécrétions fétides jusqu'à 3 m. Le carcajou est solitaire, sauf au temps du rut.

Mâle et femelle ne se côtoient que durant les quelques semaines du rut. L'embryon connaît dans l'utérus une implantation différée (6-7 1/2 mois) et la gestation réelle dure environ 35 à 40 jours. Sevrés à 8 ou 10 semaines, les jeunes demeurent 1 ou 2 ans avec leur mère avant que celle-ci ne les chasse.

Plus omnivore que carnivore, le carcajou est un nécrophage, c'est-à-dire qu'il se repaît de charogne, et sa structure dentaire, faite pour nettoyer les carcasses, se rapproche de celle de la hyène. Il consomme aussi des fruits, des racines, de petits mammifères dont le porc-épic, des oiseaux, des poissons, et même à l'occasion un original ou un caribou. Il suit les troupeaux de caribous pour manger les restes des loups et n'oublie pas la tournée des pièges des trappeurs. Ses excursions de chasse sont plus faciles en hiver qu'en été, car il circule plus vite et sans bruit sur la neige. Il est agressif et vorace, mais ne tue pas plus que ses besoins ne réclament; il cache ses restes après les avoir imprégnés des sécrétions fétides de ses glandes afin de rebuter les chapardeurs.

Sa vue est faible, mais son ouïe est bonne et son flair particulièrement fin. Il est semi-plantigrade et possède des griffes semi-rétractiles. Au sol, il galope lourdement; bien que terrestre, il grimpe aux arbres avec agilité et excelle à la nage.

Il possède une robe d'un brun sombre; de chaque côté, de l'épaule à la base de la queue, celle-ci est parcourue d'une bande plus claire dans les teintes de chamois.

L'homme est son principal prédateur, mais à l'occasion il est aussi la proie du loup.

Très rare, le carcajou a peu d'influence sur l'environnement. Les habitants de l'Arctique recherchent sa fourrure pour sa résistance au givre, et en garnissent leurs anoraks.

Le carcajou est l'un des plus grands mustélidés; il atteint la taille d'un ourson auquel il ressemble jusqu'à un certain point. D'une férocité légendaire, il a fait l'objet d'innombrables contes et récits. Il a presque disparu de l'est du Canada; sa présence au Nouveau-Québec et au Labrador n'a pas été signalée depuis belle lurette, tant dans la nature que dans les postes de traite, et devient de plus en plus hypothétique.

Moufette rayée

Mephitis mephitis
Striped skunk
Bête puante, skunk rayé, skunk d'Amérique

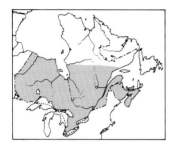

⚠ Elle apprécie les terrains plutôt découverts. Aussi la rencontre-t-on surtout dans les prairies, les régions agricoles et la banlieue, bien qu'elle erre aussi en forêt. Sa population atteint la densité moyenne de 1 individu/30 ha. Couvrant une superficie de 10 à 200 ha, son domaine est en réalité peu défini. En effet, reliés par des sentiers plus ou moins distants, ses abris et ses territoires de chasse peuvent être si près les uns des autres certaines saisons qu'on risque de les confondre.

🏠 Elle creuse rarement son terrier et gîte le plus souvent dans celui abandonné par une marmotte, un renard ou un autre petit mammifère. Elle peut aussi s'abriter sous ou dans un bâtiment, sous une galerie, une pile de bois, une souche ou un amas de roches. Elle tapisse souvent son refuge de végétation.

❄ Elle entre dans un état de pseudo-hibernation de décembre à février ou mars. Durant cette période de sommeil léthargique, elle vit de ses réserves de graisse et subit une chute de poids de l'ordre de 30 à 50%. Le mâle est en général moins affecté que la femelle, car il sort par temps doux en quête de nourriture.

🌙 Elle s'affaire surtout la nuit, mais on l'observe aussi à la brunante et même le jour.

🐾 De moeurs non territoriales, elle a peu tendance à marquer son territoire; les femelles se tolèrent même si bien que leurs domaines se superposent. Plutôt lymphatique, la moufette utilise le musc sécrété par ses glandes anales comme principal moyen de défense: la queue relevée, elle projette ce liquide huileux, jaunâtre et nauséabond, jusqu'à 5 m avec beaucoup de précision. Elle peut répéter l'exploit 5 et même 6 fois, et prend soin de n'imprégner ni son terrier, ni ses environs, ni un espace clos. Les jeunes adoptent la posture défensive typique dès l'âge de 4 semaines, mais ils ne peuvent réellement s'exécuter qu'à partir de 6 à 8 semaines. Bien qu'elle soit solitaire, la moufette a tendance au regroupement en hiver; il n'est alors pas rare de rencontrer plusieurs femelles avec leurs jeunes dans le même terrier, mais la présence de plusieurs mâles est inusitée.

Polygame, le mâle s'accouple au hasard, dès que les femelles sortent de leur léthargie hivernale. L'implantation des embryons n'est pas différée chez cette espèce et la gestation dure en tout de 62 à 68 jours. Sevrés à 6 ou 7 semaines, les jeunes passent le premier hiver avec leur mère qu'ils quittent vers l'âge de 10 mois.

La moufette est omnivore. Elle se régale de fruits, d'herbes, de feuilles, de maïs et d'insectes. Au fil des circonstances, elle ajoute à son régime du miel, des oisillons, de la charogne, de petits mammifères tels que les musaraignes et les taupes, et quelques amphibiens.

Plantigrade, la moufette se déplace lentement au sol et c'est une piètre grimpeuse. Elle évite l'eau même si elle nage bien.

Noir jais, le pelage est marqué d'une rayure blanche qui prend naissance sur la tête, puis se divise sur la nuque et continue de chaque côté du dos sur une distance variable. Une ligne médiane blanche orne la face. La queue, aux poils noirs et blancs entremêlés, se termine généralement par une touffe blanche.

Le grand duc et à l'occasion le lynx, le renard roux et le coyote comptent parmi ses quelques prédateurs.

Sa chair est comestible, mais sa fourrure a peu de valeur. Même s'il lui arrive de causer des dommages aux poulaillers et aux ruchers, et bien que le promeneur subisse parfois les inconvénients de son voisinage, elle se rend utile en détruisant quantité d'insectes et de souris. Elle peut être porteuse du virus de la rage.

C'est chez la moufette que le développement des glandes anales atteint son apogée et la soulever par la queue, comme le veut la croyance populaire, ne garantit en rien de ses méfaits. Le liquide malodorant qu'elle projette peut échauffer la peau et causer une cécité temporaire d'une quinzaine de minutes. Il faut rincer copieusement les yeux à l'eau tiède. Quant à la peau, les ablutions avec de l'eau de javel ou de chlore en solution dans l'eau dissipent l'odeur. On peut aussi recourir au traditionnel bain de jus de tomates.

Loutre de rivière

Lutra canadensis, Lontra canadensis
River otter, Canadian otter

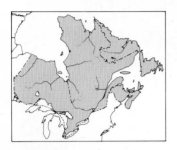

Elle habite les rives boisées des cours d'eau: lacs, rivières, grands marais ou baies maritimes. Elle aime le voisinage du castor et se plaît dans le même milieu que lui. Son domaine atteint 24 km et même davantage le long des rives. Lors de ses excursions, elle a l'habitude d'emprunter des sentiers familiers.

La loutre n'a d'abri fixe que durant la période d'élevage des petits. Elle loge en bordure des cours d'eau et emprunte la hutte ou le terrier abandonnés d'un castor, d'un rat musqué ou même d'un renard. Parfois, elle se contente simplement d'une bille creuse ou encore d'une dépression sous une souche ou une racine, qu'elle tapisse de brindilles, d'écorces et autres végétaux.

Active tout l'hiver, elle se terre néanmoins pendant les grands froids.

Plutôt nocturne, elle s'affaire aussi de jour si elle n'est pas dérangée par l'homme.

Cette grande voyageuse parcourt périodiquement de longues distances pour atteindre de nouveaux cours d'eau; elle voyage seule, mais quelquefois avec un ou plusieurs partenaires. Très sociable, elle apprécie la compagnie de ses congénères avec lesquels elle adore s'amuser dans les rapides et les chutes ou glisser sur la neige et les pentes glaiseuses pour ensuite plonger dans l'eau. Il lui arrive même de chasser avec un partenaire et d'user de stratégie pour capturer sa proie. L'espèce signifie sa présence par son urine et ses excréments.

Le mâle voyage plus que de coutume au temps du rut et perd sa traditionnelle jovialité envers ses congénères du même sexe. La femelle vient en chaleur quelques jours après la mise bas et l'accouplement a lieu le plus souvent dans l'eau, à l'occasion sur terre.

L'embryon connaît dans l'utérus une implantation différée (7 1/2-10 1/2 mois) et la gestation réelle dure 8 semaines. La loutre possède un sens familial exceptionnel. Après la mise bas, la femelle chasse le mâle qui revient plus tard participer à l'élevage de la progéniture. Les jeunes commencent à s'aventurer hors du terrier quand ils sont sevrés, vers l'âge de 12 semaines. Ils quittent leur mère à l'âge de 7 ou 8 mois.

La loutre est un carnivore principalement ichtyophage, c'est-à-dire que son régime alimentaire se compose surtout de poisson. Elle a une prédilection pour la truite, raffole des écrevisses, et se nourrit encore de grenouilles, de tortues, de mollusques et d'insectes aquatiques. À l'occasion, elle attrape un rat musqué, un jeune castor ou un canard. Elle mange rarement des végétaux. Ses longues vibrisses l'aident à repérer ses aliments lorsqu'elle fourrage au fond de l'eau. Elle nage sur le dos pour dévorer les petites proies qu'elle retient dans ses pattes antérieures, mais ramène les plus grosses sur le rivage. Ce sont d'ailleurs les restes de ces proies qui souvent nous révèlent sa présence. Si elle croise un banc de poissons, elle retournera à l'eau tant que celui-ci restera dans les parages afin de ramener le plus de prises possible. Sa pêche terminée, elle prendra place au festin.

La loutre a un mode de vie amphibie. Elle excelle à la nage tant en surface que sous l'eau et peut réapparaître à 350 m de son plongeon initial. Son nez et ses oreilles se ferment hermétiquement durant l'immersion qui peut durer de 6 à 8 mn. Sa vue est excellente et son oeil s'adapte sans difficulté aux différentes réfractions de l'air et de l'eau. Ses pattes sont palmées et sa queue lui sert de gouvernail. Elle est digitigrade. Rapide, agile, elle galope dans la neige par bonds entrecoupés de glissades et peut, sur la glace, atteindre la vitesse de 29 km/h.

Brun foncé dans l'ensemble, la robe est plus claire sur le ventre et souvent marquée d'une tache gris argenté sous la gorge.

Le piégeage et la pollution des eaux font de l'homme son pire ennemi. Mais à l'occasion le loup et le coyote ont aussi raison d'elle.

On la convoite pour sa précieuse fourrure, chaude et durable. Elle cause quelquefois des ravages quand elle s'introduit dans les pisci-cultures.

La loutre est très intelligente et c'est l'un des mammifères les plus enjoués. En Chine, on la domestique et on l'entraîne à rapporter le poisson.

Famille des **FÉLIDÉS**

On pourrait dire de l'ensemble des félidés qu'ils constituent une réplique plus ou moins fidèle de notre chat domestique. Digitigrades, ils possèdent des griffes rétractiles qu'ils sortent à volonté grâce à une contraction musculaire, entre autres pour grimper ou saisir une proie; le reste du temps, celles-ci s'insèrent dans une gaine, ce qui prévient leur usure. Des carnassières très développées font d'eux les mammifères les plus spécialisés pour manger la chair. Cependant, leur face courte alliée au nombre réduit de leurs dents jugales restreint leur aptitude à la mastication; aussi sont-ils strictement carnivores.

		couguar	lynx du Canada	lynx roux
Long. totale *(m)*		1,5-2,7	0,7-1,2	0,7-1,15
Long. de la queue *(cm)*		55-90	7-15	10-17
Haut. au garrot *(cm)*		60-80	32-58	30-55
Poids *(kg)*		35-105 [124]	6-18	5-18
Doigts/orteils		5/4	5/4	5/4
Maturité sexuelle ♀ *(mois)*		24-36	11	11
Rut		à l'année	mars-avril	fév.-mars
Gestation *(jours)*		91-97	63	63
Parturition		mai-sept. [toute l'année]	mai-juin	mi-avril-mai
Jeune(s)/portée		2-4 [1-5]	3 [1-5]	2-3 [1-6]
Portée(s)/année		1 par 2 ans	1	1
Poids à la naissance *(g)*		350-500	197-211	220-368
Ouverture des yeux *(jours)*		10-12	10-12	9-11
Sevrage *(mois)*		3	2	2
Longévité *(ans)*	en liberté	12 [18]	10	10-15
	en captivité	15-20	10-15 [21]	15-25 [30]

[ ] quelquefois

Les félidés sont de tous les carnivores les prédateurs les plus efficaces et les plus évolués. Très agiles, ils sont aussi très rapides à la course, mais sur de courtes distances seulement. Solitaires et nocturnes, ils chassent à l'affût et exploitent l'effet de surprise. Ils abattent leur proie d'une morsure au cou ou à la nuque, de sorte que la canine atteint le plus souvent la moelle épinière ou la partie postérieure du cerveau et la mort survient presque instantanément. Comme ils ne suivent pas leurs proies à la piste, l'odorat est chez eux moins développé que l'ouïe, leur sens le plus fin, ou la vue. Leurs yeux sont d'ailleurs plus grands et de structure plus complexe que ceux de tous les autres carnivores. De longues vibrisses contribuent au raffinement de leur sensibilité tactile. Plusieurs d'entre eux, et notamment les espèces rencontrées chez nous, émettent une gamme de sons allant du geignement, au miaulement, au ronronnement. Cette famille compte environ 36 espèces dont 3 sont représentées chez nous: le couguar, le lynx du Canada et le lynx roux.

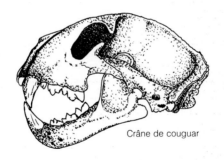

Crâne de couguar

Couguar

Felis concolor, Puma concolor
Cougar, puma, mountain lion, catamount,
American lion
Puma, lion de montagne, lion d'Amérique

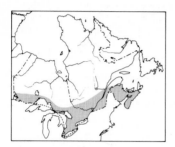 

On le rencontre jusqu'en Amérique du Sud en passant par l'Amérique centrale.

Il préfère les régions montagneuses, accidentées et difficiles d'accès. L'étendue de son domaine, de 30 km² pour la femelle à plus de 65 km² pour le mâle, varie en fonction de la densité du gibier et du nombre de jeunes élevés par la femelle. Le couguar parcourt régulièrement son territoire, soit toutes les 3 semaines environ, et emprunte à peu près toujours les mêmes sentiers.

Il choisit pour gîte caverne, crevasse, dessous de corniche, souche creuse, fourré, ou tout autre abri naturel.

Actif durant tout l'hiver.

Il est nocturne; il s'aventure parfois de jour mais uniquement dans les endroits où il n'est pas dérangé.

Le couguar est solitaire, sédentaire et très territorial. Il délimite son territoire en déposant bien en vue des traces de son urine et de ses excréments: soit qu'il jalonne ses frontières de bornes de terre arrosées de son urine ou qu'il lacère avec ses griffes l'écorce des arbres ou le sol, les imprégnant d'abord des sécrétions des glandes de ses pattes pour ensuite les asperger de son urine. À l'intérieur de son territoire, il tend à enterrer ses excréments. Il défend plus vigoureusement le refuge où il élève ses petits et ses sites de prédilection pour la chasse. Plus territorial que la femelle, le mâle tolère cependant le passage de congénères provisoirement nomades. Son domaine peut déborder sur celui d'une ou de plusieurs femelles et même s'y superposer. De 2 à 4 ans, le jeune est le plus souvent nomade à la recherche d'un territoire.

Si le nombre de femelles le permet, le mâle est polygame. Les couples s'unissent pendant 2 semaines pour se quitter à la fin du rut. La mère s'occupe seule de l'élevage des petits. Elle leur rapporte de la viande dès leur 6e semaine et, à 3 mois, ils sont sevrés. La plupart des jeunes demeurent avec leur mère jusqu'à l'âge de 2 ans.

Strictement carnivore, le couguar se repaît surtout de cervidés et chez nous le cerf de Virginie constitue 75% de son alimentation. Il consomme aussi castors, lièvres, porcs-épics, souris, oiseaux, et attrape quelquefois un coyote ou un lynx. Il camoufle ses restes qu'il reprendra plus tard à moins d'être dérangé. Seule la faim peut l'astreindre à manger de la charogne.

Le couguar a une très bonne vision de nuit et une ouïe bien développée. Excellent grimpeur et sauteur prodigieux, il atteint sans élan près de 7 m en longueur et jusqu'à 6 m en hauteur. Il court vite, mais sur de courtes distances. Bon nageur, il n'hésite pas à traverser un cours d'eau au besoin et ne craint pas l'eau.

La couleur de la robe varie du gris fauve au brun chocolat; gorge, poitrail et abdomen sont blancs tandis que l'extrémité de la longue queue est noire. Les petits naissent avec un pelage tacheté qu'ils perdent vers l'âge de 6 mois.

L'homme est son principal prédateur. Le mâle couguar peut constituer un danger pour les jeunes.

Il peut s'attaquer au bétail, mais ne menace pas l'homme à moins d'être malade ou très affamé.

Le couguar de l'est, sous-espèce qui peuplait autrefois nos contrées, a pratiquement disparu par suite d'une chasse intensive. On ne l'observe plus que très sporadiquement et il est sérieusement menacé d'extinction. La sous-espèce que l'on rencontre dans l'ouest du pays, le couguar de l'ouest, compte un plus grand nombre d'individus, mais ils sont eux aussi acculés dans les dernières régions sauvages.

Lynx du Canada

Lynx canadensis, Felis canadensis
Lynx, Canadian lynx
Loup-cervier, lynx polaire

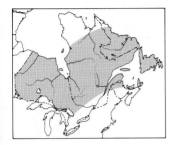 

De classification controversée, il est considéré par plusieurs mammalogistes comme une sous-espèce du lynx commun *(Lynx lynx)* que l'on rencontre en Europe et en Asie.

Il habite les forêts de conifères au sous-bois dense, jonché de broussailles et d'arbres rabougris. Sa distribution géographique calque en partie celle du lièvre d'Amérique dont il suit d'ailleurs les fluctuations de populations avec un léger décalage, selon un cycle qui recommence environ tous les 10 ans. Sa densité de population varie de 1 à 5 individus/km². De 15 à 40 km² en moyenne, dépendant de l'abondance du gibier, son domaine atteint en certains cas une superficie de 120 km². Celui du mâle est généralement plus grand que celui de la femelle, bien qu'ils puissent se chevaucher. Il parcourt régulièrement son territoire, couvrant de 4 à 20 km/jour environ; il a l'habitude de toujours emprunter les mêmes sentiers.

Il gîte sous les racines d'un arbre tombé, sous une souche ou une branche basse, dans une bille creuse ou encore sous une corniche. Quelquefois, il repose simplement dans un arbre, guettant le passage d'une proie.

Il est actif tout l'hiver; en cas de grands froids cependant, seule la faim peut l'inciter à quitter sa retraite.

Nocturne, il s'aventure de jour à l'occasion, à la condition toutefois de se sentir en sécurité.

Le lynx du Canada est sédentaire, sauf si le gibier se fait rare. Il est aussi solitaire et très territorial. Les individus délimitent leur territoire au moyen de leur urine et de leurs excréments déposés bien en vue, ou encore en lacérant l'écorce des arbres ou le sol qu'ils imprègnent des sécrétions des glandes de leurs pattes. À l'intérieur de leur territoire, ils tendent à enterrer leurs excréments. Ils défendent certaines parties de leur domaine plus vigoureusement, par exemple leurs sites de prédilection pour la chasse et le refuge où ils élèvent leurs petits. Si les mâles se montrent plus complaisants à l'endroit des femelles, ils ne tolèrent l'intrusion d'aucun autre mâle.

Au temps du rut, la femelle émet un cri caractéristique pour attirer ses soupirants. L'espèce est polygame et la copulation, brève. La mère élève seule ses petits qui demeurent avec elle jusqu'au printemps suivant, soit jusqu'à l'âge de 10 mois.

Le lynx du Canada est strictement carnivore. Sa densité de population est en relation directe avec celle du lièvre d'Amérique qui constitue 75% de son alimentation: lorsque celui-ci abonde en effet, le lynx prolifère, et lorsqu'il se fait rare, la population du lynx chute radicalement. Un lynx adulte consomme en moyenne 200 lièvres par année. Le lynx du Canada se repaît également de castors, d'écureuils, de suisses, de souris, de rats musqués, d'oiseaux et quelquefois de renards. Il nettoie les carcasses de chevreuils ou d'orignaux et s'attaque parfois aux jeunes de ces gros mammifères. Il chasse à l'affût et prend sa victime par surprise. Rassasié, il en conserve les restes qu'il camoufle sous la mousse ou les feuilles.

Il possède une très bonne vision de nuit et une ouïe bien développée. C'est un excellent grimpeur et il saute jusqu'à 7 m en longueur. Ses membres postérieurs, élancés et plus longs que les antérieurs, évoquent la morphologie du lapin. Ses larges pattes, bien coussinées et garnies d'une fourrure dense, lui permettent d'évoluer facilement et sans bruit dans la neige. Très bon nageur, il n'hésite pas à traverser une rivière, même s'il n'aime pas se mouiller.

Son pelage passe du gris argenté en hiver au brun relativement uniforme en été. Le bout de sa courte queue est entièrement noir. La pointe de l'oreille est garnie d'un long pinceau de poils noirs (4 cm ou plus) qui l'aide à localiser les sons. La fourrure est plus longue sur le menton, et aussi sur les joues où elle forme de longs favoris.

Homme, loup et couguar comptent parmi ses rares prédateurs.

On le chasse pour sa fourrure. Excellente à manger, sa chair goûte le lapin, mais elle doit être bien cuite. Il s'attaque parfois aux animaux domestiques de fermes isolées.

Tant au Québec que dans les Maritimes, l'espèce diminue en nombre de façon inquiétante, principalement à cause du piégeage.

Lynx roux

Lynx rufus, Felis rufus
Bobcat, bay lynx
Lynx bai, chat sauvage de la Caroline

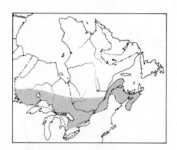 

△ L'habitat du lynx roux est plutôt varié. Bien que celui-ci préfère les régions broussailleuses et les forêts clairsemées, il habite aussi marais, fourrés, zones agricoles et abords des villes. L'étendue de son domaine varie de 15 à 35 km² selon la région, la densité de la population et l'abondance du gibier. Il parcourt son territoire à intervalles réguliers de 1 à 5 jours et emprunte les mêmes sentiers d'une fois à l'autre.

⌂ Caverne, crevasse rocheuse, bille creuse lui servent de gîte. Il loge encore sous les racines d'une souche, sous un arbre tombé ou dans tout autre antre naturel.

❄ Il est actif tout l'hiver; lors de grands froids cependant, seule la faim le pousse à quitter sa retraite chaude et bien protégée.

☽ Nocturne, il s'aventurera de jour à l'occasion s'il se sent en sécurité.

🐾 L'espèce est solitaire, sédentaire et très territoriale. L'individu délimite les frontières de son territoire par son urine et ses excréments déposés bien en vue, ou encore en lacérant l'écorce des arbres ou le sol qu'il imprègne des sécrétions des glandes de ses pattes. À l'intérieur de son territoire, il tend à enterrer ses excréments. Il défend certaines parties de son domaine plus vigoureusement, par exemple ses sites de prédilection pour la chasse et le refuge où il élève ses petits. La femelle ne tolère aucune autre femelle de passage sur son territoire. Le mâle défend aussi son territoire, mais il est plus tolérant.

♀ Au temps du rut, la femelle émet un cri caractéristique pour attirer ses soupirants et elle accepte plusieurs mâles; la copulation est

brève. Après la mise bas, elle éloigne le mâle qui reste cependant dans son entourage et, lorsque les petits sont sevrés vers l'âge de 2 mois, il participe à leur apprentissage et leur rapporte de la nourriture. Les jeunes se dispersent à l'âge de 10 mois.

Son régime strictement carnivore est composé à 50% de lièvre d'Amérique et de lapin à queue blanche. Il se repaît également d'écureuils, de souris, de porcs-épics, de musaraignes et d'oiseaux. Si la famine le guette, il se contentera de charogne. Il camoufle sous les feuilles ou la neige les restes de ses plus grandes proies pour les manger plus tard.

Le lynx roux a une très bonne vision de nuit et une ouïe bien développée. C'est aussi un grimpeur et un sauteur excellent. Ses membres postérieurs, élancés et plus longs que les antérieurs, évoquent la morphologie du lapin. Il nage bien, mais se mouille seulement s'il y est obligé.

La robe, parsemée de taches foncées, est rousse en été et grisâtre en hiver. Le bout de la courte queue est noir sur le dessus seulement et la pointe de l'oreille s'achève par un court pinceau de poils.

Le lynx roux est plus tacheté que le lynx du Canada. Le dos seulement de sa petite queue est marqué de noir et les pinceaux de ses oreilles sont rudimentaires. Il ne possède pas les longs favoris du loup-cervier et, comparativement à celui-ci, sa taille est légèrement inférieure.

Homme, loup, coyote et couguar le pourchassent.

Il est recherché pour sa fourrure. Sa chair est excellente, mais elle doit être bien cuite. Il s'attaque parfois à la volaille et aux moutons.

Le lynx roux a subi mieux que les autres félins l'urbanisation des campagnes et a même réussi à proliférer.

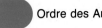 Ordre des Artiodactyles

 Famille des Cervidés
cerf de Virginie
orignal
caribou des bois

 Famille des Bovidés
boeuf musqué

Ordre des **ARTIODACTYLES**

Les artiodactyles sont des mammifères onguligrades: ils marchent sur des doigts recouverts de sabots. Il possèdent un nombre pair de doigts par patte, soit deux ou quatre, et les deux médians supportent le poids du corps. Appelés ergots, les externes sont plus petits et placés plus haut que les premiers quand ils existent. Ils servent d'appuis secondaires sur les surfaces molles. Plusieurs portent des bois ou des cornes dont ils se servent soit pour affirmer leur supériorité au sein de l'espèce ou, à un degré moindre, se défendre des prédateurs. Chez un certain nombre d'espèces où ces appendices sont absents, les canines supérieures ou inférieures peuvent se développer à tel point qu'elles forment de véritables défenses, comme c'est le cas notamment pour l'hippopotame, le sanglier et le chevrotain. Des glandes sécrétrices ayant une fonction sociale ou territoriale sont bien souvent présentes, entre autres sur la tête, la face ou entre les doigts. Le mâle est en général plus grand que la femelle et les petits viennent au monde suffisamment développés pour se lever presque aussitôt après leur naissance.

On classifie les artiodactyles selon qu'ils ruminent ou non et selon que leur estomac comprend deux, trois ou quatre réservoirs. Les membres des quatre familles suivantes, soit les Cervidés, les Girafidés, les Antilocapridés et les Bovidés, ruminent et possèdent un estomac à quatre compartiments (rumen, réseau, feuillet, caillette). Ces herbivores sont particulièrement bien adaptés pour digérer la cellulose. Ils possèdent des molaires dont la table d'usure aplatie sert à écraser les végétaux. Sur la mâchoire supérieure, les canines sont réduites, sinon absentes, et les incisives sont inexistantes; en compensation, on constate un raffermissement de la gencive, c'est le bourrelet incisif. Les canines inférieures ont la forme et jouent le rôle d'incisives. Avec une telle mâchoire, ces animaux ne sectionnent pas la végétation à la manière des lagomorphes ou des rongeurs, mais la happent plutôt avec leur langue rêche, la serrent entre le bourrelet incisif et les incisives inférieures et la déchirent. Pour apaiser leur faim, ils avalent une grande quantité d'aliments qui s'accumule dans le rumen où elle subit une fermentation bactérienne. Après quoi, elle s'achemine dans le réseau où elle est transformée en boulettes. Quand l'animal se repose à l'abri des prédateurs et rumine tout à loisir, les boulettes remontent dans sa gueule; elles y sont mastiquées, broyées et im-

rut, les compagnons se changent en rivaux agressifs et se défient en duel pour la conquête des femelles. Puis, l'hiver contraint le cerf à réintégrer les ravages où il vit alors en petits troupeaux de quelques individus à plusieurs dizaines.

Le comportement social du cerf se traduit par un répertoire d'attitudes où plusieurs glandes sécrétant une substance d'odeur musquée jouent un rôle important: ce sont entre les onglons les interdigitales, à l'intérieur des jarrets les tarsiennes, et au-dessous de l'oeil les infra-orbitaires. Les sécrétions des glandes interdigitales imprègnent le sol que l'animal piétine. Les glandes tarsiennes, en forme de poire, sont ceintrées de poils blancs et drus. Lorsque le cerf de Virginie urine, il mouille en même temps ces glandes qui renforcent l'odeur de son urine. Ces traces sont particulièrement attirantes pour le sexe opposé à l'époque du rut. Quant aux glandes infra-orbitaires, le mâle les utilise plus particulièrement à la saison des amours pour marquer son territoire.

Le cerf qui pressent un danger relève aussitôt sa queue en panache, expose son croupion blanc, et bondit, drapeau au vent. Il donne ainsi l'alerte à ses compagnons. Ce signal, qui se voit de loin, aide aussi les jeunes faons à suivre leur mère dans ses excursions.

Polygame, le mâle s'accouple avec plusieurs femelles, mais il n'en courtise qu'une à la fois, tant qu'elle est réceptive, et la quitte le plus souvent quand ses chaleurs prennent fin, en quête d'une nouvelle compagne. À cette époque, il est très jaloux et établit sa supériorité dans un espace géographique qu'il défend contre ses rivaux au cours d'affrontements très ritualisés. Il marque son territoire en frottant son panache à la base de petits arbres ou d'arbustes sur lesquels il laisse des cicatrices bien polies ou de longues sections dénudées d'écorce, en même temps que l'odeur des sécrétions de ses glandes infra-orbitaires. Il choisit des arbres dont la grosseur du tronc convient à la dimension de ses bois: plus le panache est imposant et plus le tronc choisi sera gros. Pour attirer les femelles, il urine, gratte le sol avec ses sabots et va même jusqu'à se rouler dans la boue. Il en oublie souvent de manger, si bien qu'il peut perdre au temps du rut jusqu'à 10% de son poids.

La femelle choisit un endroit retiré pour mettre bas. Bien qu'il se lève dans les heures qui suivent sa naissance, le petit ne peut tenir le pas de sa mère. C'est pourquoi elle le cache, toujours dans des lieux différents si elle a plus d'un rejeton, et revient le nourrir toutes les 2 ou 3 heures. Le faon naît roux tacheté de blanc et ne dégage aucune odeur durant la 1re semaine de sa vie. Immobile, il se confond avec le décor et ne laisse trace d'aucun parfum susceptible d'attirer les prédateurs. Il goûte l'herbe vers l'âge de 1 semaine, à 3 semaines il rumine et, au plus à 4 semaines, il suit allègrement sa mère. Sevré à l'automne vers l'âge de 4 mois, il ne quittera cependant sa mère qu'au printemps suivant, à l'âge de 1 an.

Le cerf de Virginie se nourrit de feuilles, de ramilles et de bourgeons d'arbres et d'arbustes, de plantes, d'herbes, de fruits, de glands et de champignons. Ce régime entièrement composé de végétaux varie en abondance et en diversité selon les saisons. En hiver, l'échantillonnage disponible se résume aux brindilles (90%), écorces et bourgeons. Le cerf apprécie alors par ordre de préférence: cèdre, vinaigrier, érable rouge, érable à épis, noisetier, saule, chèvrefeuille, cerisier, sapin, etc. Comme il n'a pas d'incisives supérieures, il ne sectionne pas la végétation d'une façon nette comme les rongeurs, mais la coince entre sa gencive (bourrelet incisif) et ses incisives inférieures et l'arrache.

Il a l'odorat particulièrement développé, l'ouïe fine, mais sa vue est faible et il distingue très mal un objet immobile. Coureur rapide (60 km/h) et bon sauteur (long. 9 m, haut. 2,5 m), c'est aussi un habile nageur.

La robe, fauve en été et gris bleu en hiver, est marquée d'une tache de blanc sous la gorge, sur le nez et autour des yeux. Le blanc du ventre se prolonge à l'intérieur des membres et sous la queue. La robe fauve tachetée de blanc du faon disparaît avec son nouveau pelage d'hiver à l'âge de 5 ou 6 mois. Sauf de rares exceptions, seul le mâle porte des bois. Ils croissent sur une période d'environ 20 semaines, soit de mai à août. En septembre, quand son panache a atteint sa taille maximale, le cerf le frotte contre les arbres afin de le débarrasser du velours séché. Il le perdra généralement après le rut en décembre bien que les jeunes le conservent parfois jusqu'au début de février.

Homme, loup, coyote et lynx sont ses pires ennemis. Le chevreuil court très mal dans une neige épaisse et s'écartèle sur la glace vive où ses souliers de ballerine glissent. Il arrive que des chiens du voisinage se rassemblent et tirent parti de cette maladresse; ils le poursuivent jusqu'à épuisement et le tuent pour le plaisir.

C'est notre gros gibier le plus important; il est très apprécié des amateurs de chasse sportive et de venaison. Le développement agricole et l'exploitation forestière, surtout quand ils ont préservé une bonne proportion de résineux, ont multiplié les zones partiellement dégagées qui lui sont favorables et ont ainsi contribué à son expansion. Quand il est trop abondant toutefois, le chevreuil envahit les zones de reboisement et les vergers où il cause des ravages.

Le chevreuil vit ici à la limite nord de son aire de distribution. Il rencontre donc des conditions d'existence plus difficiles que ses congénères plus au sud, car il doit chaque année affronter les rigueurs d'un hiver auquel il est plus ou moins bien adapté.

Orignal

Alces alces
Moose
Élan d'Amérique

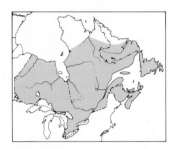

On le rencontre aussi dans le nord de l'Europe et de l'Asie.

Habitant des forêts, il fréquente surtout les sapinières où abondent lacs, marais et étangs. Il adore par-dessus tout les boisés modifiés. Les épidémies d'insectes, les brûlis, les coupes intensives, entraînent la croissance d'une végétation florissante qui lui procure la nourriture en abondance. Sa densité de population, de 0,3 à 1 individu/km2, atteint son optimum dans les sapinières à bouleaux blancs ou jaunes. Il a un domaine d'environ 2 à 8 km2.

L'orignal se couche à même un sol recouvert de feuilles, d'herbe ou de neige, dans une dépression peu profonde à l'abri de conifères.

Par sa grande taille (100 cm entre le sol et son poitrail), il est beaucoup mieux adapté que le chevreuil à nos hivers enneigés. Cependant, quand l'accumulation au sol dépasse 75 cm, il se réfugie lui aussi dans les sentiers battus des ravages où il circule plus aisément.

Il a un horaire plutôt flexible bien que ses périodes d'activité s'intensifient à l'aube et au crépuscule. Les nuits de grands vents, il restreint ses allées et venues.

Peu sédentaire, il ne marque guère d'attache pour un domaine en particulier et si on dérange sa solitude, il déménage. Il manifeste toutefois une plus grande tolérance à l'endroit des femelles durant la saison des amours et envers ses congénères, dans les ravages, où de 2 à 8 individus peuvent se rassembler quand les précipitations de neige sont très abondantes.

À l'approche du rut, les mâles perdent toute inhibition ou notion de danger et, sur le qui-vive, accourent au moindre bruit qui attise leur

curiosité, cherchant la compagne ou l'adversaire. Ils polissent longuement leur panache sur les arbres. Ils choisissent des trous bourbeux qu'ils piétinent avec ardeur, puis après y avoir uriné, s'y vautrent à loisir; les femelles, excitées par l'odeur, s'y précipitent à leur tour. Celles-ci sont très bruyantes à la saison des amours. Elles brament et les mâles, qui les entendent à plusieurs kilomètres, accourent à leurs plaintes langoureuses. Tête baissée, ils défient leurs rivaux; mais le plus souvent, le plus faible s'éclipse au cours de cette parade. Si toutefois les affrontements tournent au combat, les mâles peuvent se blesser. Quelquefois, leurs panaches s'enchevêtrent inextricablement et tous deux meurent alors d'inanition ou d'épuisement.

Polygame, le mâle s'accouple avec plusieurs femelles, mais il n'en courtise qu'une à la fois, tant qu'elle est réceptive (environ 48 heures), puis il la quitte vers la fin de ses chaleurs, en quête d'une nouvelle compagne. La femelle met bas dans un bois retiré où elle cache son petit pour quelques jours; elle ne le retrouve que pour l'allaiter. Maladroit à la naissance, ce dernier commence à suivre sa mère à l'âge de 3 jours; en moins de 2 semaines, il court plus vite que l'humain et se débrouille à la nage. Il commence à brouter à 4 ou 5 semaines et sa mère le sèvre à l'automne, vers l'âge de 4 ou 5 mois. Au temps du rut, les mâles accordent peu d'attention aux jeunes de moins de 2 ans, si bien que le rejeton reste avec sa mère jusqu'au printemps; celle-ci le chasse alors pour mettre bas un autre faon.

L'orignal se nourrit de plantes, de feuilles et d'herbes. Il aime beaucoup les plantes aquatiques comme les nénuphars et les sagittaires, ce qui en été l'incite à passer dans l'eau une grande partie de son temps. L'hiver le contraint à restreindre son régime aux aiguilles de conifères, petites branches et bourgeons d'arbres et d'arbustes. S'il y a disette au cours de la saison froide, il se résignera à gruger l'écorce des essences disponibles même si, en temps normal, il préfère cet aliment au printemps, quand l'écorce prend une saveur différente. L'orignal apprécie particulièrement le sapin baumier, l'érable à épis, le noisetier, l'érable rouge, le saule, le tremble et le bouleau. Un orignal adulte peut manger de 20 à 30 kg de nourriture par jour. Dépourvu d'incisives supérieures, il ne sectionne pas la végétation d'une façon nette comme les rongeurs, mais la coince entre sa gencive et ses incisives inférieures, puis l'arrache.

Il a l'odorat et l'ouïe très développés, mais sa vue est faible et il distingue très mal un objet immobile. Coureur rapide (45 km/h), il excelle aussi à la nage, pouvant tenir le rythme de 10 km/h pendant 2 heures. Il peut plonger jusqu'à 5,5 m sous l'eau pour aller cueillir des plantes aquatiques et ne refaire surface que 30 secondes plus tard.

La robe brun foncé est teintée de gris en hiver; la teinte grisâtre de l'abdomen se prolonge sur les membres. Il possède une bosse au garrot et, sous la gorge, une pampille (espèce de repli cutané semblable à celui des chèvres) recouverte de longs poils et pouvant atteindre de 20 à 25 cm.

Exclusivité du mâle, le panache aux larges palmures apparaît en avril. Sa croissance se termine à la fin d'août ou au début de septembre et l'orignal le frotte alors contre les arbres pour le débarrasser des velours séchés. Les adultes perdent leur panache à la fin de décembre ou au début de janvier tandis que les jeunes le conservent jusqu'en février. Les bois rudimentaires du jeune prennent toute leur ampleur à partir de 4 ou 5 ans; ils s'ornent d'andouillers additionnels jusqu'à l'âge de 8 ou 10 ans et peuvent atteindre une envergure de 1,8 m. Puis, au fur et à mesure que l'animal vieillit, ils régressent. L'envergure du panache ne constitue pas un critère sûr pour déterminer l'âge de l'animal car elle reflète tout autant son état de santé. Celui-ci peut donc être plus grand ou plus petit d'une année à l'autre.

L'homme et le loup sont les pires ennemis de l'orignal. L'ours s'attaque aux jeunes. À l'époque du rut, le mâle tombe souvent dans le piège du chasseur averti qui imite le cri de la femelle.

Apprécié des amateurs de chasse sportive et de venaison, il est aussi une source de nourriture pour les habitants du Nord. À l'époque du rut, on a vu des mâles charger hommes, chevaux, automobiles et même locomotives. Lorsque la population est trop nombreuse, l'orignal cause des dégâts dans les zones de reboisement.

Assailli par les mouches ou les moustiques, l'orignal s'immerge quasi entièrement dans l'eau ou se roule dans la boue afin de se recouvrir d'une couche protectrice. C'est le plus grand de nos cervidés et celui qui évolue le plus en milieu aquatique.

Évolution du panache
de l'orignal.

avril   juin   septembre   janvier

Caribou des bois

Rangifer tarandus caribou
Woodland caribou
Caribou des forêts

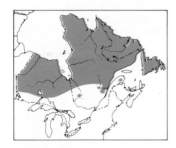 

■ Caribou des bois ▓ Autres sous-espèces

En été, il vit dans la toundra arctique ou alpine. En hiver, il migre vers les forêts de conifères correspondantes, soit subarctiques ou subalpines. Il recherche les terres où abonde le lichen.

Il se couche à même le sol ou dans la neige. Au besoin, il grattera le sol avec ses sabots pour s'aménager une place confortable.

Actif tout l'hiver.

Diurne, il est surtout actif à l'aube et au crépuscule compte tenu du cycle de la lumière dans les régions polaires.

Il est grégaire et nomade. Il entreprend, entre la toundra et la forêt, des migrations saisonnières influencées entre autres par les facteurs enneigement, mise bas et alimentation. Des hardes de centaines de caribous se réunissent alors, sans considération de sexe ou d'âge, pour parcourir ces distances. Entre ces migrations du printemps et de l'automne, le caribou des bois se regroupe par petites bandes homogènes de 10 à 50 individus du même sexe, soit de mâles, de femelles avec leurs faons ou de jeunes de 1 an. L'été, fuyant les forêts marécageuses et leurs moustiques, il erre dans la toundra d'un pâturage à l'autre. L'hiver, il regagne la forêt où il peut s'abriter des vents glaciaux et où il trouve plus facilement sa nourriture, car la neige durcit moins.

Attribut des deux sexes, le panache joue un rôle social important au sein de cette espèce où sa taille détermine le rang de l'individu. Le panache du mâle croît d'avril à août et tombe en novembre ou en décembre après le rut; celui de la femelle, de taille inférieure, croît de juin à septembre et tombe en avril ou en mai, soit 3 ou 4 mois après celui du mâle. Ainsi, les hardes sont dirigées par des adultes d'expérience portant panache. Ceux-ci sont, à tour de rôle,

mâles à l'automne, au temps du rut, et femelles au printemps, avant la mise bas. Le caribou possède aussi des glandes tarsiennes et interdigitales qui interviennent dans ses relations sociales.

À la fin de l'été, les mâles accumulent des réserves de graisse. Nerveux et irascibles au cours de la saison du rut, ils mangent peu, préoccupés de conquérir les femelles, et croisent le panache (alors au maximum de sa taille) avec leurs rivaux. Polygames avec harem, ils tentent de défendre et de garder autour d'eux de 12 à 15 femelles. Quelque temps après le rut, ils perdront leur panache.

Après les migrations printanières vers la toundra, les femelles quittent la harde et se retirent à l'écart pour vêler. Elles se rassembleront par petites bandes quelques jours plus tard. Debout quelque 30 minutes après sa naissance, le faon n'hésite pas à se jeter à l'eau 12 heures plus tard et à 1 jour, il court plus vite que l'homme. Sous peu, il suit le rythme du troupeau et il commence à brouter à l'âge de 2 semaines. Sevré à l'automne, il continue de suivre sa mère jusqu'au printemps, souvent même quand elle s'apprête à mettre bas de nouveau.

255

Lichens, mousses, fruits et herbes composent son régime. Il y ajoute racines, écorces, brindilles et feuilles d'arbres et d'arbustes (de saule et de bouleau surtout). L'hiver, son alimentation de base est constituée de lichens, le plus souvent arboricoles, mais il ne dédaigne pas les lichens terrestres; il en consomme environ 6 kg par jour. Sa quête constante de nourriture fait du caribou un errant, car il doit se déplacer sans cesse d'un pâturage à l'autre. Ses sabots lui sont très utiles pour creuser la neige à la recherche de sa pitance.

L'odorat très fin du caribou constitue son principal signal d'alarme et il tend d'ailleurs à se déplacer sous le vent d'un élément suspect afin de mieux le flairer. Il a l'ouïe bien développée, mais la vue plutôt mauvaise; myope, il distingue très mal les objets immobiles. Ses pattes produisent, lorsqu'il se déplace, un cliquetis caractéristique rappelant le craquement des branches d'arbres en hiver. Coureur rapide, sa vitesse de pointe atteint 80 km/h. En plus de l'aider à creuser pour trouver sa nourriture, ses larges sabots facilitent ses déplacements dans la neige. Ils se transforment selon les saisons: l'été, les bords s'usent et l'animal porte sur les coussinets qui épaississent; l'hiver, les coussinets se réduisent et la corne repousse avec des angles bien aiguisés pour trancher la neige durcie. De nos cervidés, le caribou est le plus habile nageur (10 km/h). Ses longs poils creux retiennent l'air chaud près de son corps et cette couche d'air isolante augmente sa flottabilité à la nage.

Brun clair dans l'ensemble, la robe est plus foncée sur la face et les membres, et blanche en partie ventrale; elle est agrémentée sous le cou d'un fanon recouvert de longs poils. Mâles et femelles portent des bois aux extrémités palmées. Ceux du mâle sont plus développés; il les porte d'avril à décembre et la femelle, de juin à mai. Chez les jeunes, ils ne tombent généralement pas avant la fin de l'hiver.

Les autres sous-espèces canadiennes, plus nordiques, portent une robe de teinte beaucoup plus claire, quasi blanche comparativement à celle du caribou des bois. Elles ont aussi une plus petite taille.

L'homme, le loup et à l'occasion l'ours noir le pourchassent. Le lynx du Canada et le carcajou s'attaquent parfois aux jeunes.

Il est fort apprécié des amateurs de chasse sportive et de venaison. Il constitue une ressource d'importance pour les habitants du Nord, car c'est le seul gros gibier de ces régions. Le développement agricole met l'existence du caribou des bois en péril et, dans certaines régions, les populations sont particulièrement vulnérables.

Le caribou des bois que nous décrivons ici est l'une des 5 sous-espèces de caribou rencontrées au Canada. Comparativement aux autres caribous, cette sous-espèce parcourt des distances plutôt restreintes, allant parfois simplement du sommet au pied des montagnes, comme c'est le cas pour les populations de la toundra alpine en Gaspésie. La cause est inhérente à la situation géographique du caribou des bois. Quant aux hardes, elles comptent généralement une centaine de têtes, et même moins en Gaspésie. Les autres sous-espèces du Canada couvrent au contraire de très grandes distances, bien souvent de l'ordre de 1 000 km, lors de déplacements qui rassemblent des milliers de bêtes. Chez elles, comme le rut survient durant la migration d'automne, le mâle ne se constitue pas de harem et les accouplements ont lieu au hasard. En dehors du Canada, on rencontre le caribou *(Rangifer tarandus)* au Groenland et dans le nord de l'Europe et de l'Asie.

Famille des **BOVIDÉS**

Les bovidés possèdent des cornes permanentes non ramifiées qui poussent durant toute leur vie. Elles existent assez souvent chez les deux sexes bien qu'elles soient moins imposantes chez la femelle. Composée surtout de kératine (constituant protéique principal des ongles, des plumes, des cheveux et autres tissus épidermiques), la corne est en fait un étui creux qui prend naissance, comme les bois des cervidés, sur l'os frontal. Une saillie de cet os, appelée os cornu, est entourée de tissu épidermique; c'est ce tissu qui se transforme pour produire la corne. Contrairement à celle des antilocapridés que l'on retrouve dans l'ouest du pays, la corne des bovidés ne repousse jamais une fois enlevée. Cette famille, la plus vaste de l'ordre des artiodactyles, regroupe environ 115 espèces dont plusieurs (bovins, ovins, caprins) domestiquées par l'homme. Le boeuf musqué est l'unique bovidé que l'on rencontre dans notre faune sauvage.

		boeuf musqué
Long. totale *(m)*		2-2,5
Long. de la queue *(cm)*		7-17
Haut. au garrot *(m)*		1-1,5
Envergure des cornes *(cm)*		76
Poids *(kg)*		240-380 [650]
Doigts/orteils		4/4
Maturité sexuelle ♀ *(mois)*		30-42 [18-30]
Rut		juillet-août
Gestation *(mois)*		8 1/2
Parturition		avril-mai
Jeune(s)/portée		1 rarement 2
Portée(s)/année		1 par 2 ans
Poids à la naissance *(kg)*		10-12
Sevrage *(mois)*		12
Longévité *(ans)*	en liberté	23-25
	en captivité	20-23

[ ] en captivité

Boeuf musqué

Ovibos moschatus
Muskox, musk oxen
Ovibos

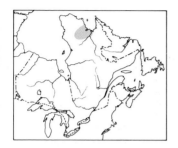 

On le rencontre aussi au Groenland et dans d'autres îles de l'Arctique.

Cet habitant de la toundra arctique fréquente en été les rives herbeuses des lacs et des rivières, les vallées et les prairies de lande et de saule. En hiver, il parcourt les sommets des collines et les pentes où le vent balaye la neige et expose la végétation.

Il se couche à même le sol.

Actif tout l'hiver. Pour conserver leur chaleur lors d'intempéries, les adultes s'installent en cercle autour des jeunes, épaule contre épaule, la tête orientée vers l'extérieur.

Comme dans les régions arctiques la lumière change peu d'intensité au cours d'une même journée, il fait alterner les périodes d'activité et de repos.

Le boeuf musqué est sédentaire et plutôt grégaire. Il se déplace au fil des saisons vers les aires les plus favorables pour trouver sa nourriture, mais ses mouvements ne dépassent pas 80 km par année. La femelle, son bouvillon de l'année et le bouvillon de 1 an constituent l'unité sociale de base. Le troupeau compte en moyenne 15 têtes. Les mâles reproducteurs errent généralement en solitaires ou par petits groupes de 2 ou 3 et réintègrent le troupeau chaque année à l'époque du rut. Ils chassent alors les jeunes mâles et de violents affrontements ont lieu entre rivaux qui cherchent à se constituer un harem. Le vainqueur chasse les vaincus et réunit autour de lui les femelles. À cette époque, seuls les mâles séniles ou ceux encore trop jeunes pour défier les mâles dominants continuent d'errer en solitaires. Il semble exister une hiérarchie au sein du troupeau où le mâle dominant, puis les sujets plus âgés, exercent leur suprématie sur les plus jeunes. Le mâle dominant doit sans cesse combattre pour garder son rang. Si le troupeau se sent menacé, les adultes forment un cercle autour des jeunes et font face à l'ennemi. Ils chargent à partir de ce cercle sans jamais se séparer du groupe.

Le mâle est polygame avec harem. À l'époque du rut, les mâles dominants s'affrontent avec beaucoup de vigueur pour accéder à la suprématie au sein du troupeau. Les adversaires se font face à 10 ou 20 m l'un de l'autre, puis chargent, tête baissée, dans un grand fracas de cornes; ils répètent cet exercice jusqu'à ce que l'un d'eux reconnaisse la supériorité de l'autre. Les femelles et les jeunes restent indifférents à ces luttes. Le vainqueur rassemble les femelles en harem; il devra cependant défendre ses positions tant qu'il voudra régner sur le troupeau. À cette époque, les mâles émettent une forte odeur de musc qui provient de leur urine: ils ne possèdent pas de glandes à musc.

Le petit vient au monde couvert de duvet. Il se lève presque tout de suite après sa naissance et trottine derrière sa mère dans les heures qui suivent. À l'âge de 3 jours, il suit déjà le troupeau et, à 1 semaine, il commence à brouter. Sevré vers l'âge de 1 an, il reste cependant auprès de sa mère jusqu'à l'âge de 2 ans.

Il se nourrit de plusieurs plantes herbacées ou ligneuses (laîche, thé du Labrador, airelle), de pousses d'arbustes (saule, bouleau, camarine), de mousses et de lichens. Son métabolisme transforme efficacement les aliments; aussi, pour combler ses besoins physiologiques, consomme-t-il environ 8 fois moins que le bovin domestique. Nul autre mammifère ne peut produire autant de chair avec si peu de nourriture. Ses sabots aux angles bien aiguisés lui sont fort utiles pour dégager les plantes gelées en hiver.

L'ouïe, la vue et l'odorat du boeuf musqué sont bien développés. Très agile en dépit de sa grosseur, il court rapidement et généralement en rangs serrés avec ses congénères.

La robe est d'un brun très foncé; les 4 pattes sont blanches. La fourrure se caractérise par un poil de bourre ou duvet très dense et de longs jarres très soyeux qui touchent presque le sol. Les individus des deux sexes portent de longues cornes permanentes qui apparaissent chez cette espèce vers l'âge de 6 mois et atteignent leur croissance maximum (jusqu'à 60 cm de long) quand l'animal a environ 7 ans. Elles sont plus courtes et plus délicates chez la femelle et ne possèdent pas la large base qui caractérise celles du mâle.

L'homme et le loup sont ses principaux prédateurs. Sa manière de se regrouper en cercle pour faire face au danger le rend très vulnérable et plus d'un troupeau a été exterminé par l'homme.

Sa chair, excellente, est plus tendre que celle du boeuf; celle des vieux mâles a cependant un goût fort. Sa laine, faite avec le duvet

et dénommée «qiviut», est très chaude et beaucoup plus légère que la laine du mouton. Un adulte donne en moyenne 2,2 kg de qiviut par année.

Le boeuf musqué ressemble, ainsi que son nom latin l'indique , à la fois au mouton et au boeuf: il possède l'allure du premier et la taille du second. Il est originaire des régions arctiques du Canada, du Groenland et de l'Alaska. Il a depuis été implanté avec succès dans plusieurs territoires nordiques dont l'Islande et l'Alaska d'où il avait disparu, et récemment au Québec. On compterait dans le monde environ 20 000 têtes dont 12 000 au Canada. Le troupeau qui vit actuellement au Québec est dû à l'initiative d'un projet d'élevage amorcé par le gouvernement provincial en 1967; 15 bêtes avaient alors été capturées dans les îles Ellesmere et installées à Fort Chimo (Kuujuak). Les premières naissances furent enregistrées en 1971, et en 1973, 3 veaux de 2 ans furent libérés. En 1980, on comptait au total 42 libérations. On sait actuellement que les pertes sont rares au sein du troupeau en liberté et qu'il prolifère, des naissances ayant été observées.

Annexes

Annexe I

Espèces rencontrées sporadiquement en Ontario

Quelques espèces non traitées dans ce volume traversent sporadiquement la frontière ontarienne; elles sont énumérées ci-dessous.

Petite musaraigne, *Cryptotis parva,* least shrew
(Insectivores, soricidés) Observée à Long Point. De toutes nos musaraignes, c'est la plus sociable; elle se distingue des autres par sa queue très courte. Elle diffère de la grande musaraigne par sa robe de couleur brune.

Taupe à queue glabre, *Scalopus aquaticus,* eastern mole
(Insectivores, talpidés) Observée à Pointe Pelée. On la distingue de la taupe à queue velue par sa queue glabre.

Blaireau d'Amérique, *Taxidea taxus,* American badger
(Carnivores, mustélidés) Déjà observé sur la rive nord du lac Érié et dans les prairies du sud-ouest ontarien. A des habitudes de fouisseur.

Spermophile de Franklin, *Spermophilus franklinii,* Franklin's ground squirrel
(Rongeurs, sciuridés) Observé dans le sud-ouest ontarien. Ce rongeur passe la majeure partie de sa vie sous terre.

Écureuil fauve, *Sciurus niger,* fox squirrel
(Rongeurs, sciuridés) A été introduit à Pointe Pelée dans le sud de l'Ontario. On le distingue de l'écureuil gris par sa taille plus grande.

Origine des noms

Noms français

artiodactyles: du grec *artios* «en nombre pair» et *daktulos* «doigt», qui a un nombre pair de doigts.

belette: petite bele, de l'ancien français bele «martre».

boeuf musqué: doit son nom à la forte odeur que le mâle dégage, surtout à l'époque du rut.

campagnol: de l'italien campagnolo «campagnard».

carcajou: du montagnais coa-coa-chou «animal glouton».

caribou: du mic-mac xalibu «la bête qui pioche».

carnivore: de *carnis* «chair» et *vorare* «manger», qui se nourrit de chair.

castor: serait attribuable à une légende selon laquelle le castor poursuivi se coupe les testicules avec ses dents pour les abandonner aux chasseurs en espérant que ceux-ci arrêtent là leur poursuite.

cerf de Virginie: le qualificatif de Virginie lui a été attribué parce que le premier spécimen décrit y avait été récolté.

chat sauvage: surnom donné au raton laveur, sans doute associé à tort par les premiers colons au chat sauvage d'Europe *(Felis silvestris)* à cause de sa queue annelée et de son habileté à grimper aux arbres.

chauve-souris: à l'origine, du latin *cawa sorix* «chouette souris»; *cawa* s'est peu à peu modifié en *calva sorix* «chauve-souris».

chiroptères: du grec *cheiros* «main» et *pteron* «aile», main ailée ou main volante.

couguar: vient des Tupi-guarani, tribu indienne d'Amérique du Sud, qui l'appelaient guacuara.

coyote: de l'aztèque coyotol «chien aboyeur».

éréthizontidés: du grec; celui qui s'élève quand il est irrité.

hermine: du latin *armenius (mus)* «rat d'Arménie».

insectivores: du latin *insectum* «insecte» et *vorare* «manger», qui mange des insectes.

lagomorphes: du grec *lagos* «lièvre» et *morpha* «forme», qui a la forme du lièvre.

léporidés: du latin *lepus* «lièvre».

lion de montagne: nom donné au couguar par les premiers colons à cause de sa ressemblance jusqu'à un certain point avec la lionne.

longicaude: du latin *longus* «long» et *cauda* «queue», qui a la queue longue.

loup-cervier: du latin *lupus cervarius,* loup qui s'attaque aux cerfs; autre nom donné au lynx du Canada.

mammifère: du latin *mamma* «mamelle» et *ferre* «porter», qui a des mamelles.

marmotte: de l'italien marmotta qui signifie parler entre ses dents.

marsupiaux: du grec *marsupium* «bourse, poche», qui a une poche.

moufette: de l'italien mofetta, qui signifie mauvaise odeur.

mulot: du francique mull «taupe», signifie petite taupe; association probablement due au fait qu'il aménage des galeries souterraines comme la taupe.

musaraigne: du latin *mus* «souris» et *araneus* «araignée»; association sans doute attribuable à sa forme et au fait que, dépendant de l'espèce, elle peut être venimeuse comme certaines araignées.

opossum: de l'amérindien (Amérique du Sud) apasum qui signifiait animal blanc, désignant l'ancêtre de notre opossum.

orignal: du basque orenac «cerf», association sans doute faite par des colons européens nouvellement arrivés.

palustre: du latin *palustris* «marécageux».

pékan: de l'abénaquis, signifie «chat noir».

pipistrelle: vient de l'italien vipistrello, déformation du latin *vespertilio*, «soir».

puma: nom donné au couguar par les Incas.

rat musqué: ce nom lui vient de son apparence et de ce qu'à l'époque du rut, ses glandes anales sécrètent un liquide à forte odeur de musc.

sciuridés: du grec *skiouros*, de *skia* «ombre» et *oura* «queue», qui se met à l'ombre de sa queue.

siffleux: la marmotte a ainsi été surnommée à cause de son habitude de prévenir ses proches par des sifflements à l'approche d'un danger.

suisse: ce nom provient du fait que son dos, rayé de cinq bandes noires et de deux blanches, rappelle l'uniforme des soldats de la garde suisse au Vatican.

tamia: provient du grec et signifie économe; fait allusion à l'habitude qu'a cet animal de faire des provisions.

Noms latins

blarina: du gaulois blaros, qui a trait aux animaux gris ou tachetés de blanc.

brevicauda: signifie queue courte.

cinereus: cendré.

concolor: signifie de couleur uniforme.

didelphis: du grec *di* «deux» et *delphis* «sein», signifie qui possède deux utérus, faisant allusion à l'utérus et à la poche marsupiale.

fuscus: signifie sombre, soir.

gulo: signifie glouton.

lagopus: signifie pattes de lièvre; dans *Alopex lagopus*, fait allusion au fait que le renard arctique a des pattes recouvertes d'un poil très dense, particulièrement en hiver.

latrans: signifie aboyeur.

leucopus: signifie pattes blanches.

lotor: signifie laveur.

lucifugus: signifie qui fuit la lumière.

mephitis: signifie nauséabond.

microtus: signifie petites oreilles.

monax: de l'amérindien (Indiens de la Caroline), signifie qui creuse.

mus: du sanskrit musha qui veut dire voleur.

myotis: oreille de rat, oreille de souris.

nivalis: signifie neige; dans *Mustela nivalis*, fait allusion au fait que cette belette est blanche comme neige en hiver.

noctivagans: qui erre pendant la nuit.

ovibos: signifie mouton-boeuf; dans *Ovibos moschatus*, souligne le fait que le boeuf musqué présente des caractéristiques anatomiques qui rappellent le boeuf et le mouton.

phenacomys: signifie souris trompeuse; le phenacomys a très longtemps été confondu avec le campagnol des champs *(Microtus pennsylvanicus)* avant qu'on l'identifie vraiment comme une espèce distincte; c'est ce qui lui a valu ce nom.

procyon: d'origine grecque, signifie «avant le chien».

sciurus: vient du grec *skia* «ombre» et *oura* «queue» et signifie qui se met à l'ombre de sa queue.

sorex: signifie souris.

zapus: de l'espagnol sapo qui signifie crapaud; dans *Zapus hudsonicus*, fait sans doute allusion au fait que cette souris peut sauter comme un crapaud.

Noms anglais

bobcat: signifie littéralement chat à la queue écourtée.

catamount: abréviation anglaise provenant de l'expression «cat of the mountain».

fisher: ce nom a été attribué au pékan à cause de sa manie de chaparder le poisson qui sert d'appât dans les pièges.

hairy-tailed mole: fait allusion à la queue poilue de cette taupe.

moose: provient de l'algonquin et signifie mangeur de branches.

muskrat: décrit à la fois son apparence et le fait que ses glandes dégagent une odeur pénétrante de musc, particulièrement à la saison des amours.

raccoon: de l'algonquin arakum «qui gratte avec ses mains».

star-nosed mole: fait allusion au nez étoilé (dont le pourtour est garni de nombreux tentacules) de cette taupe.

vole: vient d'un mot scandinave qui signifie pré.

woodchuck: de wuchak en cris; ce nom servait à identifier plusieurs petits animaux de taille et de couleur semblables, mais non la marmotte en particulier.

Annexe III

Maladies transmissibles à l'homme

De tout temps, la souris commune et le rat surmulot ont été considérés comme des porteurs de maladies graves, transmissibles à l'homme, et prenant quelquefois l'ampleur d'épidémies: peste noire, peste bubonique, fièvre typhoïde, salmonellose, etc. Bien qu'elles demeurent à l'état latent, ces conditions ont heureusement presque disparu de nos jours, grâce aux conditions d'hygiène modernes. Mais rats et souris ne sont pas les seuls en cause et, en fait, il existe au-delà de 200 maladies, certaines bénignes, d'autres plus sérieuses, que les animaux peuvent transmettre à l'homme, sans compter que la situation inverse peut aussi se produire, l'homme étant parfois la source de contamination. Il ne faut pas pour autant s'imaginer que la maladie nous guette dès que nous entrons en contact avec un animal. En fait, les «microbes» ont aussi leurs exigences et il leur faut souvent une combinaison de plusieurs facteurs pour nous affecter.

Parmi les affections que peuvent nous transmettre les animaux de notre faune, nous avons choisi d'en décrire sept: échinococcose, histoplasmose, intoxication par la vitamine A, rage, toxoplasmose, trichinose, tularémie. Toutefois, le lecteur pourra constater que des mesures préventives adéquates et souvent très simples le mettent à l'abri de telles conditions et que somme toute, les services que nous rendent ces animaux sont en général très grands comparés à ces incidents sporadiques.

Échinococcose

Cause: kyste hydatique, larve du vers plat *Echinococcus granulosus.*

Mode de transmission: l'homme peut contracter ce parasite au contact de fèces contaminées, mais aussi en flattant son chien. En effet, le parasite se développe chez le chien qui mange les viscères (foie et poumons surtout) de bovidé ou de cervidé renfermant la forme larvaire du parasite. Le parasite achève son cycle et pond des oeufs dans l'intestin du chien. Les oeufs sont évacués dans les fèces et l'homme s'infecte à partir de segments attachés à la fourrure de son chien.

Porteurs: les carnivores, autant sauvages que domestiques, peuvent transmettre ce parasite à tous les mammifères, l'homme y compris.

Symptômes: la larve de ce parasite affecte surtout le foie et les poumons de l'homme, sous forme de kystes volumineux contenant un liquide clair sous pression.

Histoplasmose

Cause: maladie à champignon.

Mode de transmission: l'homme et les animaux contractent cette mycose en inhalant les spores du champignon provenant d'un milieu contaminé; celles-ci sont parfois contenues dans les fèces des chauves-souris qui s'accumulent au cours de longues périodes dans les greniers.

Porteurs: une grande variété d'animaux (mouffettes, ratons laveurs, renards, chiens, chats, chauves-souris, cochons d'Inde, rats, souris, bovins, équins, opossums), de même que l'homme, peuvent contracter cette maladie et par la suite contaminer leur environnement.

Symptômes: dans la majorité des cas, la maladie est sub-clinique, c'est-à-dire que le patient présente peu de signes et que la condition se limite d'elle-même. Les individus affectés cliniquement peuvent présenter des signes de pneumonie, perte de poids, inflammation des ganglions, diarrhée, faiblesse, anémie...

Intoxication par la vitamine A

Cause: consommation excessive de vitamine A.

Mode de transmission: ingestion de foie d'ours polaire, lequel renferme normalement de grandes quantités de vitamine A.

Symptômes: vertiges, maux de tête...

Rage

Cause: virus qui affecte le système nerveux.

Mode de transmission: le virus est présent dans la salive des animaux atteints. Il peut être inoculé par suite d'une morsure ou par contact de la salive avec une blessure de la peau ou une égratignure. On reconnaît les sujets atteints à certains facteurs: changement de comportement, salivation abondante, peur de la lumière, peur de l'eau, difficulté à avaler, manie de mordre n'importe quoi, changement dans la voix. Les animaux sauvages perdent leur crainte naturelle de l'homme. La maladie évolue graduellement vers la paralysie, les convulsions et la mort.

Porteurs: tous les animaux à sang chaud, l'homme y compris, peuvent être porteurs de rage. Les carnivores (renard, coyote, loup, mouffette, raton laveur, chien et chat) sont toutefois les principaux porteurs de cette maladie, le renard et la mouffette venant en tête de liste.

Symptômes: fièvre, malaise, troubles sensoriels, spasmes des muscles de la déglutition lors de tentatives pour avaler, délire, convulsion et mort par paralysie respiratoire. La condition dure environ 2 à 6 jours.

Toxoplasmose

Cause: coccidie (protozoaire).

Mode de transmission: cette condition peut affecter à peu près tous les mammifères et les oiseaux, et même d'autres animaux comme les insectes et les mollusques. Elle se transmet principalement par la manipulation ou la consommation de viande parasitée (la cuisson à 65 °C neutralise le parasite), le contact avec les fèces parasitées de félins (litière, carrés de sable) et aussi via le placenta, de la mère affectée au foetus.

Porteurs: les félidés (lynx et chat domestique notamment) sont les seuls mammifères à excréter le parasite dans leurs fèces; à ce stade, celui-ci n'est pas dangereux et il lui faut en moyenne de 1 à 5 jours pour se transformer et devenir infectieux.

Symptômes: la maladie affecte surtout le système respiratoire et le système nerveux, et s'accompagne chez l'homme de fièvre, de fatigue et de douleur musculaire. Chez la femme enceinte, la maladie peut avoir des conséquences graves pour le foetus, notamment l'hydrocéphalie, la chorio-rétinite, la jaunisse et même la mort; pour cette raison, on conseille à celle-ci de prendre certaines précautions (usage de gants, nettoyage quotidien de la litière) durant la grossesse.

Trichinose

Cause: vers rond.

Mode de transmission: l'homme peut contracter cette maladie en consommant de la viande insuffisamment cuite qui renfermerait des larves enkystées du parasite.

Porteurs: le rat, les carnivores en général, l'ours notamment, ainsi que le porc peuvent être porteurs de trichine, d'où la nécessité de bien cuire la viande provenant de ces animaux.

Symptômes: cette condition provoque chez l'homme fièvre, douleur musculaire, faiblesse, photophobie et gastro-entérite; habituellement bénigne, elle est quelquefois mortelle.

Tulamérie

Cause: bactérie.

Mode de transmission: l'homme peut contracter cette maladie en manipulant des animaux infectés (la bactérie pénétrant alors par des lésions cutanées), par la consommation de viande insuffisamment cuite, par piqûre de tique ou respiration de poussière infectée.

Porteurs: lapins et lièvres sauvages peuvent transmettre cette maladie, mais plusieurs rongeurs comme le rat musqué, le castor et la marmotte ainsi que les animaux domestiques peuvent aussi en être atteints et la propager. Les animaux atteints sont apathiques; ils ont peine à marcher et ne fuient pas quand on les approche.

Symptômes: chez l'homme, la tularémie provoque de la fièvre accompagnée de frissons, de la faiblesse, des maux de tête, des nausées et des vomissements. Au site d'infection, on peut observer un ulcère, et au niveau des ganglions lymphatiques correspondants, une réaction inflammatoire.

Annexe IV

Populations fauniques, chasse et piégeage au Québec

Estimation des populations fauniques et bilan statistique en rapport avec la chasse et le piégeage au Québec, à partir des données disponibles les plus récentes.

Espèces	Estimation des populations[5]	Chasse 1981 # d'animaux abattus	Piégeage 1979-80 # d'animaux piégés
Belettes[1]	2 800 000		10 455
Carcajou			1 (6)[7]
Caribou	300 000	2 000 (6 500)[6]	
Castor	448 400		75 967
Cerf de Virginie	100 000[3]	8 847[8]	
Coyote	14 000		3 077[2]
Écureuil			6 729
Lièvres[4]	32 000 000	2 250 000	
Loup	12 500		3 077[2]
Loutre de rivière			3 666
Lynx	40 700		
du Canada			3 281[9] (2 523)[7]
roux			120 (271)[7]
Martre	139 300		21 145
Moufette	905 000		844
Orignal	75 000	12 000 (800)[6]	
Ours noir	35 000	1 000 (131)[6]	1 279[9]
Ours polaire			46
Pékan			1 644
Porc-épic		(3 606)[6]	
Rat musqué	4 840 000		294 135
Raton laveur	165 700		22 964
Renard	149 500		
arctique: blanc			974 (5315)[7]
bleu			4 (15)[7]
roux: argenté			323
croisé			683
rouge			16 986
Vison	1 800 000		13 210

Saison 1979-80:

483 741 peaux furent récoltées, pour une valeur totale de $11 950 073.90; 535 910 permis de chasse furent vendus au Québec, ce qui a rapporté une somme de $4 640 863.60.

Références

ANONYME, 1981. **Bilan statistique du ministère du Loisir, de la Chasse et de la Pêche 1979/80.** M.L.C.P., Gouvernement du Québec.

CANTIN, M., A. Gagnon, C. Gauthier, G. Lefebvre & R. Sarrazin, 1982. **La protection des habitats fauniques au Québec.** M.L.C.P., Gouvernement du Québec.

COMMUNIQUÉ, n° 217, 221, 222. M.L.C.P., Gouvernement du Québec.

PELLETIER, J., M. Lacasse, G. Lamontagne & J.L. Ducharme, 1981. **Aménagement et utilisation de la faune au Québec, Répertoire des données.** M.L.C.P., Gouvernement du Québec.

---

1 Comprend hermine, belette pygmée, belette à longue queue.
2 Comprend loup et coyote.
3 Dont 60 000 sur l'île d'Anticosti.
4 Comprend lièvre d'Amérique, lièvre arctique et lapin à queue blanche.
5 Puisqu'il est utopique d'évaluer une population faunique, ces chiffres nous donnent plutôt un estimé de l'ordre de grandeur des populations.
6 Prises des autochtones: chasse de subsistance en vertu d'ententes spéciales.
7 Données de l'année précédente quand les données de l'année sont peu représentatives.
8 Donnée de 1982; comprend 4 809 prises sur l'île d'Anticosti.
9 Donnée de 1981.

Annexe V

Empreintes de nos mammifères

Les mensurations indiquées dans cette annexe sont celles de la longueur de l'empreinte; chez les cervidés, l'ergot fait parfois empreinte derrière l'onglon, mais sa longueur n'est pas incluse dans la mesure. Chez un certain nombre d'espèces, il existe une différence entre l'empreinte du membre antérieur et celle du membre postérieur, cette dernière étant souvent plus longue; lorsque la mesure indiquée correspond à l'empreinte du membre postérieur, nous le spécifions par M.P.

Le dessin indique la façon de mesurer une empreinte.

A) Onguligrades

Cervidés et Bovidés: empreinte des onglons.

| Cerf de Virginie
(5-8 cm) | Orignal
(12-15 cm) | Caribou
(7-13 cm) | Boeuf musqué
(10 cm) |

chaque instant. Chez les poïkilothermes (animaux à sang froid) par contre, cette léthargie est continue. Les seuls vrais hibernants que l'on rencontre chez nos mammifères sont la marmotte, la souris sauteuse des bois, la souris sauteuse des champs et quelques chauves-souris.

Homéotherme. Caractérise les animaux à «sang chaud», soit les mammifères et les oiseaux qui peuvent conserver une température constante indépendamment des variations atmosphériques.

Implantation différée ou retardée. Phénomène observé chez certains mammifères (mustélidés, ursidés) où l'ovule fécondé (blastocyste), au lieu de s'attacher à la paroi de l'utérus quelques jours après la fécondation, reste libre dans l'utérus de quelques semaines à quelques mois avant de poursuivre son développement normal.

Incisives*. Dents situées sur la partie médiane de l'arcade dentaire, aplaties et tranchantes chez la plupart des espèces. Chez les rongeurs, elles sont très développées et leur croissance se poursuit durant toute la vie de l'animal.

Jarre. Poil long et rigide qui forme une couche protectrice pardessus le duvet des mammifères.

Kératine. Substance protéique qui constitue la majeure partie des poils, de la corne, des ongles et des sabots chez les mammifères.

Léthargie. Sommeil caractérisé par un ralentissement des fonctions vitales.

Liber. Tissu interne de l'écorce constitué de vaisseaux où circule la sève.

Lichen. Plante formée de l'association d'un champignon et d'une algue, très résistante à la sécheresse, au froid et à la chaleur.

Limite des arbres. Désigne la zone nordique précédant la toundra où les arbres, de plus en plus rabougris, cèdent progressivement la place aux arbustes.

Livrée. Voir pelage.

Mandibule*. Mâchoire inférieure.

Marsupium. Sac formé par un repli cutané à l'intérieur duquel les nouveau-nés complètent leur développement chez la plupart des marsupiaux.

Maxillaire*. Mâchoire supérieure.

Mélanine. Pigment foncé qui donne la coloration à la peau, aux poils et aux cheveux.

Membrane interfémorale. Voir uropatagium.

Métatarse. Partie du pied située entre les os du tarse et les phalanges et qui comprend un nombre variable d'os suivant les espèces.

Migration. Longs déplacements composés d'un aller et d'un retour qu'accomplissent certains animaux à des périodes régulières et suivant des trajets qui varient très peu. Les principales causes de ces déplacements sont attribuables au climat, à l'alimentation et à la reproduction.

---

* Voir au mot crâne pour illustration.

Mise bas. Voir parturition.

Molaires*. Grosses dents situées à l'arrière de la mâchoire et dont la fonction est de broyer les aliments.

Monogame. Caractérise le mâle ou la femelle qui s'accouple avec un seul partenaire du sexe opposé pendant la saison des amours.

Mue. Remplacement partiel ou total de la carapace, des cornes, de la peau, du plumage ou des poils de certains animaux, se produisant au cours de périodes définies, variables d'une espèce à l'autre. Son déclenchement est fonction des hormones, de la photopériode et de la température.

Nocturne. Qui s'affaire de nuit.

Œstrus. Période durant laquelle les femelles sont sexuellement réceptives aux mâles chez les mammifères.

Omnivore. Qui se nourrit d'aliments d'origine animale et végétale.

Ongulé. Caractérise les animaux dont les pieds sont terminés par des productions cornées.

Onguligrade. Caractérise les animaux dont les sabots seulement sont en contact avec le sol lors de la marche.

Ovule. Cellule reproductrice femelle.

Pampille. Repli de peau en forme de pendeloque que l'on rencontre au cou de certains animaux (chèvre, orignal).

Parturition. Accouchement.

Patagium. Membrane cutanée qui s'étend le long du corps, du membre antérieur au membre postérieur, chez certains mammifères, leur permettant selon l'espèce de voler ou de planer.

Pelage. Ensemble des poils d'un mammifère, constitué de jarres, longs poils raides, et de duvet, poils plus courts, souples et très doux. Il joue un rôle dans le camouflage, la thermorégulation et parfois les caractères sexuels secondaires.

Pessière. Forêt où dominent les épinettes; on la rencontre dans la partie nord de la forêt boréale.

Phéromones. Hormones le plus souvent émises dans l'urine chez les mammifères, qui peuvent diffuser sur de grandes distances, et émettent des informations olfactives sur l'état de réceptivité sexuelle entre individus d'une même espèce.

Plantigrade. Caractérise les animaux dont toute la plante du pied est en contact avec le sol lors de la marche.

Poïkilotherme. Caractérise les animaux à «sang froid», soit les reptiles et les poissons, dont la température corporelle varie selon la température ambiante.

Polyandre. Se dit d'une femelle qui s'accouple avec plusieurs mâles pendant la saison des amours.

Polygame. Se dit d'un mâle qui s'accouple avec plusieurs femelles pendant la saison des amours.

Polygame avec harem. Se dit d'un mâle s'accouplant avec plusieurs femelles qu'il réunit en troupeau autour de lui et garde avec vigilance.

---

* Voir au mot crâne pour illustration.

Post-partum. Qui suit la mise bas.

Prémolaires*. Dents situées juste avant les molaires sur l'arcade dentaire et dont la forme varie suivant le type d'alimentation; elles sont destinées à couper chez les carnivores et à broyer chez les herbivores.

Pseudo-hibernation: Caractérise les mammifères qui entrent dans une phase léthargique sans toutefois connaître une réduction marquée de leur métabolisme. Nos seuls pseudo-hibernants sont l'ours, la moufette, le raton laveur et les tamias.

Ravage. Habitat d'hiver de nos cervidés, ainsi dénommé par allusion aux dommages que ceux-ci causent à la végétation de l'endroit. Il est généralement choisi pour son importante proportion de conifères, ceux-ci formant une barrière protectrice contre la neige et les intempéries.

Régurgitation. Renvoi d'aliments, de l'estomac à la bouche, après qu'ils aient été grossièrement mâchés, puis avalés. Cette pratique est utilisée par plusieurs carnivores, surtout pour nourrir les jeunes en période de sevrage.

Robe. Voir pelage.

Rut. État saisonnier des mammifères qui les pousse à rechercher l'accouplement.

Samare. Fruit sec à une seule graine, à aile membraneuse, et ne s'ouvrant pas. Ex. fruit de l'orme, de l'érable et du frêne.

Sapinière. Forêt où domine le sapin; on la rencontre dans la partie sud de la forêt boréale.

Social. Caractérise un individu appartenant à une société dont les membres vivent en communauté structurée où le rôle et la position hiérarchique de chacun sont bien définis.

Solitaire. Se dit d'une espèce dont les membres vivent seuls, sauf pendant les périodes de reproduction et d'élevage des petits.

Spermatozoïde. Cellule reproductrice mâle.

Subnival. Signifie sous la neige. Beaucoup de petits mammifères concentrent leurs activités à la surface du sol au cours de l'hiver. Le tapis de neige recouvrant leurs galeries les isole du froid et les poches d'air, créées par l'évaporation qu'entraîne la chaleur de la terre, les alimentent en oxygène.

Taïga. Zone située au sud de la toundra, où l'on retrouve formations forestières rabougries (épinette noire, bouleau nain) et aires de mousses et de lichens.

Terrier. Abri creusé dans le sol, possédant une ou plusieurs sorties dont la forme et les dimensions contribuent à l'identification des occupants.

Territoire. Partie intégrante, quoique plus restreinte, du domaine, le territoire circonscrit le gîte, zone particulièrement surveillée en période d'élevage des petits, et les sites préférés de pâture d'un individu ou d'un groupe social. Le marquage, dont les modes diffèrent selon les espèces (urine, excréments, glandes) sert entre

---

* Voir au mot crâne pour illustration.

autres à signaler la prise de possession des lieux; ceux-ci sont patrouillés et défendus avec vigilance contre l'intrusion de congénères ou autres compétiteurs pour les mêmes ressources.

Toundra. Prairie arctique caractérisée par une végétation non arborescente comme les lichens, les mousses et quelques herbacées.

Tourbière. Habitat humide caractérisé par la présence de végétaux en décomposition.

Tragus. Saillie aplatie de dimensions variables, qui prend naissance sur le bord antérieur du conduit de l'oreille et joue un rôle important dans l'acuité auditive de certaines espèces.

Unicuspide. Dent qui n'a qu'une seule crête.

Uropatagium. Membrane cutanée qui réunit les membres postérieurs des chauves-souris, incluant la queue.

Vibrisse. Long poil rigide situé surtout à l'extrémité du museau, servant d'organe sensoriel grâce à son abondante innervation.

Zygote. Oeuf résultant de la fécondation d'un ovule par un spermatozoïde.

Bibliographie

Références générales

BANFIELD, A.W.F., 1977. **Les mammifères du Canada (2ᵉ éd.).** Presses de l'Université Laval, Québec.

BANG, P. & P. Dahlstrom, 1977. **Guide des traces d'animaux (3ᵉ éd.).** Delachaux et Niestlé, Neufchâtel, Paris.

BERNARD, R., R. Cayouette, C. Delisle, P. Desmeules, L. Lemieux & G. Moisan, 1967. **Noms français des mammifères du Canada.** Carnets de zoologie 27: 25-30.

BURT, W.H., 1957. **Mammals of the Great Lakes region.** University of Michigan Press, Ann Arbor, Michigan.

BURT, W.H. & R.P. Grossenheider, 1976. **A field guide to the mammals (3ʳᵈ ed.).** Houghton Mifflin Co., Boston.

CAHALANE, V.H., 1958. **Mammals of North America.** The Mac Millen Company, New York.

DASMANN, R.F., 1964. **Wildlife biology.** John Wiley & Sons, New York.

EWER, R.F., 1968. **Ethology of mammals.** Plenum Press, New York.

FONTAINE, M., 1969. **Physiologie. Encyclopédie de la Pléiade.** Éditions Gallimard.

FOWLER, M.E., 1978. **Zoo and wild animal medicine.** Saunders Co., Philadelphia.

GRZIMEK, B., 1972. **Grzimek's animal life encyclopedia.** Van Nostrand Reinhold Co., New York.

GUNDERSON, H.L., 1976. **Mammalogy.** Mc Graw-Hill, New York.

HALL, E.R., 1981. **The mammals of North America (2ⁿᵈ ed.).** John Wiley & Sons, New York.

HAMILTON, W.J. Jr. & J.O. Whitaker Jr., 1979. **Mammals of the eastern United States (2ⁿᵈ ed.).** Cornell University Press, London.

HARPER & Row's, 1981. **Complete field guide to North American wildlife, Eastern Edition.** Harper & Row, Publishers, New York.

HEDIGER, H., 1964. **Wild animals in captivity.** Dover Publications, New York.

HOFFMANN, R.S., 1982. **Mammal species of the world, a taxonomic and geographic reference.** James H. Honacki, Kenneth E. Kinman & James W. Koeppl, Kansas.

HVASS, H., 1961. **Mammifères du monde.** Methuen, Londres.

LYNEBORG, L., 1972. **Mammifères d'Europe.** Fernand Nathan, Paris.

MURIE, O.J., 1974. **Field guide to animal tracks (2ⁿᵈ ed.).** Houghton Mifflin Co., Boston.

NATIONAL GEOGRAPHIC SOCIETY 1979. **Wild animals of North America.** National Geographic Society, Washington, D.C.

PALMER, E.L., 1957. **Field book of mammals.** E.P. Dutton Co., New York.

PETERSON, R.L., 1966. **The mammals of eastern Canada.** Oxford University Press, Toronto.

PIERARD, J., 1975. **Découvrir les mammifères.** Presses de l'Université de Montréal, Montréal.

ROMER, A.S., 1970. **L'évolution animale.** Bordas, Paris.

SANDERSON, I.T., **Living mammals**

of the world. Hanover House, New York.

THOMASSIN, S., 1982. **Le multi-guide nature des traces d'animaux.** Bordas, Paris.

VAUGHAN, T.A., 1978. **Mammalogy.** Saunders Co., Philadelphia.

WALKER, E.P., 1964. **Mammals of the world.** Johns Hopkins Press, Baltimore.

WETZEL, R. & W. Rieck, 1966. **Les maladies du gibier.** Librairie Maloine, Paris.

WHITAKER, J.O. Jr., 1980. **The Audubon society field guide to North American mammals.** A.A. Knopf, New York.

Références particulières

Marsupiaux

HARTMAN, C.G., 1952. **Possums.** University of Texas Press, Austin, Texas.

PETERSON, R.L. & S.D. Downing, 1956. **Distributional records of the opossum in Ontario.** J. Mammal. 37: 431-435.

Insectivores

CLOUGH, G.C., 1963. **Biology of the arctic shrew,** Sorex arcticus. Am. Midl. Nat. 69: 69-81.

DAPSON, R.W., 1968. **Reproduction and age structure in a population of short-tailed shrews,** Blarina brevicauda. J. Mammal. 49: 205-214.

DAVIS, D.E. & F. Peek, 1970. **Litter size of the star-nosed mole** (Condylura cristata). J. Mammal. 51: 156.

DIERSING, V.E., 1980. **Systematics and evolution of the pygmy shrews** (subgenus Microsorex) **of North America.** J. Mammal. 61: 76-101.

DUSI, J.L., 1951. **The nest of a short-tailed shrew.** J. Mammal. 32: 115.

EADIE, W.R., 1939. **A contribution to the biology of** Parascalops breweri. J. Mammal. 20: 150-173.

EADIE, W.R. & W.J. Hamilton Jr., 1956. **Notes on reproduction in the star-nosed mole.** J. Mammal. 37: 223-231.

FORSYTH, D.J., 1976. **A field study of growth and development of nestling masked shrews** (sorex cinereus). J. Mammal. 57: 708-721

GOODWIN, M.K., 1979. **Notes on caravan and play behavior in young captive** Sorex cinereus. J. Mammal. 60: 411-413.

PETERSON, R.S. & A. Symansky, 1963. **First record of the Gaspé shrew from New Brunswick.** J. Mammal. 44: 278-279.

THOMAS, H.H., 1980. Sorex palustris **on Prince Edward Island.** The Canadian Field-Naturalist. 94: 329-331.

TOMASI, T.E., 1978. **Function of venom in the short-tailed shrew,** Blarina brevicauda. J. Mammal. 59: 852-854.

TOMASI, T.E., 1979. **Echolocation by the short-tailed shrew,** Blarina brevicauda. J. Mammal. 60: 751-759.

Chiroptères

BARCLAY, R.M.R. & D.W. Thomas, 1979. **Copulation call of** Myotis lucifugus: **a discrete situation-specific communication signal.** J. Mammal. 60: 632-634.

BOGAN, M.A., 1972. **Observations on parturition and development in the hoary bat,** Lasiurus cinereus. J. Mammal. 53: 611-614.

BRANDON, R.A., 1961. **Observations of young Keen bats.** J. Mammal. 42: 400-401.

BROSSET, A., 1966. **La biologie des chiroptères.** Masson, Paris.

DZIEDZIC, A., 1972. **Les sonars biologiques.** La Recherche 22: 315-324.

GOEHRING, H.H., 1971. **Big brown bat survives sub-zero temperatures.** J. Mammal. 52: 832-833.

IZOR, R.J., 1979. **Winter range of the silver-haired bat.** J. Mammal. 60: 641-643.

KEEN, R. & H.B. Hitchcock, 1980. **Survival and longevity of the little brown bat** *(Myotis lucifugus)* **in South eastern Ontario.** J. Mammal. 61: 1-7.

Mc ALPINE, D.F., 1976. **First record of the eastern pipistrelle in New Brunswick.** The Canadian Field-Naturalist 90: 476.

NOVICK, A., 1970. **Echolocation in bats.** Natural History, The journal of the American museum of natural history, March, No. 3.

PATTERSON, A.P. & J.W. Hardin, 1969. **Flight speeds of five species of vespertilionid bats.** J. Mammal. 50: 152-153.

STAINS, H.J., 1965. **Female red bat carrying four young.** J. Mammal. 46: 333.

Lagomorphes

ANONYME, 1967. **Un lapin à queue blanche dans le comté de Dorchester.** Carnets de zoologie 27: 11.

BIDER, J.R., 1961. **An ecological study of the snowshoe hare,** *Lepus americanus.* Canadian J. Zool. 39: 81-103.

CONAWAY, C.H. & H.M. Wight, 1963. **Age at sexual maturity of young male cottontails.** J. Mammal. 44: 426-427.

DEAN, P.B. & A. De Vos, 1965. **The spread and the present status of the European hare,** *Lepus europaeus hybridus,* **in North America.** The Canadian Field-Naturalist 79: 38-48.

FITZSIMMONS, M. & H.P. Weeks Jr, 1981. **Observations on snow tunneling by** *Sylvilagus floridanus.* J. Mammal. 62: 211-212.

HORNICKE, H. & F. Batsch, 1977. **Cæcotrophy in rabbits-a circadian function.** J. Mammal. 58: 240-242.

HUOT, J., 1976. **Les lièvres et les lapins.** Faune du Québec, Gouvernement du Québec, Ministère du Loisir, de la Chasse et de la Pêche.

KEITH, L.B., 1974. **Le lièvre d'Amérique.** La faune de l'arrière-pays, Service canadien de la faune, Environnement Canada.

WOOD, T.J. & S.A. Munroe, 1977. **Dynamics of snowshoe hare populations in the Maritime Provinces.** Canadian Wildlife Service, occas. paper No. 30.

Rongeurs

ALEKSIUK, M., 1968. **Scentmound communication, territoriality, and population regulation in beaver** *(Castor canadensis).* J. Mammal. 49: 759-762.

ALEKSIUK, M., 1978. **Le rat musqué.** La faune de l'arrière-pays, Service canadien de la faune, Environnement Canada.

ANONYME, 1973. **Le castor.** La faune de l'arrière-pays, Service canadien de la faune, Environnement Canada.

BRANDER, R.B., 1971. **Longevity of wild porcupines.** J. Mammal. 52: 835.

BRONSON, F.H., 1962. **Daily and seasonal activity patterns in woodchucks.** J. Mammal. 43: 425-427.

CONNOLLY, M.S., 1979. **Timetables in home range usage by gray squirrels** *(Sciurus carolinensis).* J. Mammal. 60: 814-817.

DARCHEN, R., 1964. **Notes éthologiques sur le rat musqué,** *Ondatra zibethica L.,* **et en particulier sur la construction de la hutte d'hiver.** Mammalia 28: 137-168.

ERRINGTON, P.L., 1963. **Muskrat populations.** The Iowa State University Press.

ERRINGTON, P.L., 1978. **Muskrats and marsh management.** University of Nebraska Press.

FALL, M.W., 1971. **Seasonal variations in the food consumption of woodchucks** *(Marmota monax).* J. Mammal. 52: 370-375.

FERRON, J., 1976. **Cycle annuel d'activité de l'écureuil roux**

(*Tamiasciurus hudsonicus*), adultes et jeunes en semi-liberté au Québec. Le Naturaliste Canadien 103: 1-10.

FERRON, J., 1979. **Le comportement agonistique de l'écureuil roux** (*Tamiasciurus hudsonicus*). Biology of Behaviour 4: 269-285.

FERRON, J., 1980. **Ontogénèse du comportement de l'écureuil roux** (*Tamiasciurus hudsonicus*). Can. J. Zool. 58: 1090-1099.

FOSTER, J.B., 1961. **Life history of the phenacomys vole.** J. Mammal. 42: 181-198.

GETTY, T., 1979. **An observation on** *Tamias striatus* **reproducing in a tree nest.** J. Mammal. 60: 636.

GUNN, A., 1977. **Le porc-épic.** La faune de l'arrière-pays, Service canadien de la faune, Environnement Canada.

INNES, D.G.L., 1978. **A reexamination of litter size in some North American microtines.** Can. J. Zool. 56: 1488-1496.

JOHNSON, M.L., 1973. **Characters of the heather vole,** *Phenacomys,* **and the red tree vole,** *Arborimus.* J. Mammal. 54: 239-244.

KELSALL, J.P., 1973. **La marmotte commune.** La faune de l'arrière-pays, Service canadien de la faune, Environnement Canada.

LAIR, H., 1978. **Écureuils chapardeurs dans les érablières du Québec.** Carnets de zoologie 38: 36-41.

LINZEY, D.W. & A.V. Linzey, 1979. **Growth and development of the southern flying squirrel** (*Glaucomys volans volans*), J. Mammal. 60: 615-620.

Mac ARTHUR, R.A. & M. Aleksiuk, 1979. **Seasonal microenvironments of the muskrat** (*Ondatra zibethicus*) **in a northern marsh.** J. Mammal. 60: 146-154.

METZGAR, L.H., 1973. **Home range shape and activity in** *Peromyscus leucopus.* J. Mammal. 54: 383-390.

MILLER, D.H. & L.L. Getz, 1977. **Comparisons of population dynamics of** *Peromyscus* **and** *Clethrionomys* **in New England.** J. Mammal. 58: 1-16.

MILLER, J.W., 1972. **Return of the beaver.** Natural History, The journal of the American museum of natural history, June, No. 6.

MUUL, I., 1969. **Mating behavior, gestation period, and development of** *Glaucomys sabrinus.* J. Mammal. 50: 121.

PATENAUDE, F., 1982. **Une année dans la vie du castor.** Carnets de zoologie 42: 5-12.

PHILIBERT, J., 1982. **L'animal jaseur.** Québec science 21: 28-33.

PREBLE, N.A., 1956. **Notes on the life history of** *Napaeozapus.* J. Mammal. 37: 197-200.

PRESCOTT, J. & J. Ferron, 1978. **Breeding and behaviour development of the American red squirrel** (*Tamiasciurus hudsonicus*) **in captivity.** International zoo yearbook 18: 125-130.

SCHADLER, M.H. & G.M. Butterstein, 1979. **Reproduction in the pine vole,** *Microtus pinetorum.* J. Mammal 60: 841-844.

SVENDSEN, G.E., 1978. **Castor and anal glands of the beaver** (*Castor canadensis*). J. Mammal. 59: 618-620.

TAKOS, M.J., 1947. **A semi-quantitative study of muskrat food habits.** J. Wildl. Manage. 11: 331-339.

TRYON, C.A. & D.P. Snyder, 1973. **Biology of the eastern chipmunk,** *Tamias striatus:* **life tables, age distributions and trends in population numbers.** J. Mammal. 54: 145-168.

WHITAKER, J.O. Jr. & R.L. Martin, 1977. **Food habits of** *Microtus chrotorrhinus* **from New Hampshire, New York, Labrador, and Quebec.** J. Mammal. 58: 99-100.

YAHNER, R.H., 1978. **Burrow system and home range use by eastern chipmunks,** *Tamias striatus:* **ecological and behavioral considerations.** J. Mammal. 59: 324-329.

Carnivores

ABLES, E.D., 1969. **Home-range studies of red foxes** *(Vulpes vulpes)*. J. Mammal. 50: 108-120.

BANVILLE, D., 1982. **Le lynx du Canada au Québec.** Carnets de zoologie 4: 55-57.

BARNUM, D.A., J.S. Green, J.T. Flinders & N.L. Gates, 1979. **Nutritional levels and growth rates of hand-reared coyote pups.** J. Mammal. 60: 820-823.

BEEBE, B.F. & J.R. Johnson, 1965. **American bears.** David Mackay Co., New York.

BEKOFF, M. & R. Jamieson, 1975. **Physical development in coyotes** *(Canis latrans)*, **with a comparison to other canids.** J. Mammal. 56: 685-692.

BERGERON, J.M. & P. Demers, 1981. **Le régime alimentaire du coyote** *(Canis latrans)* **et du chien errant** *(Canis familiaris)* **dans le sud du Québec.** The Canadian Field-Naturalist 95: 172-177.

BERGERUD, A.T., 1969. **The status of pine marten in Newfoundland.** The Canadian Field-Naturalist 83: 128-131.

BRASSARD, A., 1960. **Le couguar.** Carnets de zoologie 20: 97-100.

CHURCHER, C.S., 1973. **Le renard roux.** La faune de l'arrière-pays, Service canadien de la faune, Environnement Canada.

CRISLER, L., 1956. **Observations of wolves hunting caribou.** J. Mammal. 37: 337-346.

DODDS, D.G. & A.M. Martell, 1971. **The recent status of the fisher,** *Martes pennanti pennanti*, **in Nova Scotia.** The Canadian Field-Naturalist 85: 63-65.

DODDS, D.G. & A.M. Martell, 1971. **The recent status of the marten,** *Martes americana americana*, **in Nova Scotia.** The Canadian Field-Naturalist 85: 61-62.

ERNST, C.H., 1965. **Rutting activities in a captive striped skunk.** J. Mammal. 46: 702-703.

EWER, R.F., 1973. **The carnivores.** Cornell University Press.

FERRON, J., 1973. **Morphologie comparée de l'organe de l'odorat chez quelques mammifères carnivores.** Le Naturaliste Canadien 100: 525-541.

FOX, M.W., 1972. **The social significance of genital licking in the wolf,** *Canis lupus*. J. Mammal. 53: 637-640.

FOX, M.W., 1975. **The wild canids.** Van Nostrand Reinhold Co., New York.

FRITTS, S.H. & J.A. Sealander, 1978. **Reproductive biology and population characteristics of bobcats** *(Lynx rufus)* **in Arkansas.** J. Mammal. 59: 347-353.

GRAY, R., 1979. **The ghost cat.** Zoonooz 52: 6-10.

GRENIER, P., 1976. **Le loup.** Faune du Québec, M.T.C.P., Gouvernement du Québec.

HAMILTON, W.J. Jr. & W.R. Eadie, 1964. **Reproduction in the otter,** *Lutra canadensis*. J. Mammal. 45: 242-252.

HARINGTON, C.R., 1973. **L'ours blanc.** La faune de l'arrière-pays, Service canadien de la faune, Environnement Canada.

HÉBERT, F., 1973. **L'ours noir.** Éditions du Jour, Montréal.

HENRY, D., 1980. **Fox hunting.** Natural history, The journal of the American museum of natural history 89: 60-69.

HOFFMANN, C.O. & J.L. Gottschang, 1977. **Numbers, distribution, and movements of a raccoon population in a suburban residential community.** J. Mammal. 58: 623-636.

HUOT, J., 1976. **L'ours noir.** Faune du Québec, M.T.C.P., Gouvernement du Québec.

JONKEL, C., E. Land, R. Redhead, 1979. **La productivité de l'ours blanc** *(Ursus maritimus)* **dans le sud-est de l'île Baffin.** Service canadien de la faune, Cahier de biologie n° 91.

KEITH, L.B., 1963. **Wildlife's ten-year cycle.** The University of Wisconsin Press.

KUYT, E., 1972. **Food habits and ecology of wolves on barren-ground caribou range.** Can. Wildl. Serv., Report Series No. 21.

LAYCOCK, G., 1982. **Adaptable araakun.** Audubon 84: 16-23.

LENTFER, J.W., 1975. **Polar bear denning on drifting sea ice.** J. Mammal. 56: 716-718.

McCARLEY, H., 1975. **Long-distance vocalizations of coyotes** *(Canis latrans)*. J. Mammal. 56: 847-856.

MECH, L.D., 1970. **The wolf: the ecology and behavior of an endangered species.** Natural History Press, New York.

MECH, L.D., 1977. **Record movement of a Canadian lynx.** J. Mammal. 58: 676-677.

MEHRER, C.F., 1976. **Gestation period in the wolverine,** *Gulo gulo.* J. Mammal. 57: 570.

MESSIER, F., 1981. **Comportement social chez le coyote,** *Canis latrans.* Carnets de zoologie 41: 8-13.

MILLER, R.S., 1973. **La moufette rayée.** La faune de l'arrière-pays, Service canadien de la faune, Environnement Canada.

PERRY, R., 1966. **The world of the polar bear.** Cassell, London.

PRESTON, E.M., 1975. **Home range defense in the red fox,** *Vulpes vulpes* L. J. Mammal. 56: 645-652.

RUSSELL, R.H., 1975. **The food habits of polar bears of James Bay and southwest Hudson Bay in summer and autumn.** Arctic 28: 117-129.

RYON, C.J., 1977. **Den digging and related behavior in a captive timber wolf pack.** J. Mammal. 58: 87-89.

SAUNDERS, J.K. Jr., 1964. **Physical characteristics of the Newfoundland lynx.** J. Mammal. 45: 36-47.

SCHMOOK, A., 1953. **Vie et moeurs du renard.** Payot, Paris.

SMITH, P.A., 1980. **Examen du commerce des peaux d'ours blanc au Canada en 1977-1978.** Service canadien de la faune, Cahiers de biologie n° 103.

SMITH, P., I. Stirling, C. Jonkel, I. Juniper, 1975. **Aperçu de l'état actuel de l'ours blanc** *(Ursus maritimus)* **dans la baie d'Ungava et le nord du Labrador.** Service canadien de la faune, Cahier de biologie n° 53.

SPELLER, S.W., 1977. **Le renard arctique.** La faune de l'arrière-pays, Service canadien de la faune, Environnement Canada.

STIRLING, I., H.P.L. Kiliaan, 1980. **Études écologiques de la population d'ours blancs dans le nord du Labrador.** Service canadien de la faune, Publication hors-série n° 42.

STIRLING, I., W. Calvert, D. Andriashek, 1980. **Études écologiques de la population d'ours blancs dans le sud-est de l'île Baffin.** Service canadien de la faune, Publication hors-série n° 44.

VAN CAMP, J. & R. Gluckie, 1979. **A record long-distance move by a wolf** *(Canis lupus).* J. Mammal. 60: 236-237.

Artiodactyles

BÉLANGER, M. & M. Morasse, 1978. **Le cerf de Virginie a-t-il sa place dans la forêt privée?** M.T.C.P., Gouvernement du Québec.

BELZILE, R., G. Gendron, R. St-Louis, J. Huot, S. Payette, H. Leblond & J. Bouchard, 1981. **Rapport d'évaluation du projet d'élevage de boeuf musqué, Umingmaqautik, N.-Q., (1967-1980).** Centre d'études nordiques et Faculté des sciences de l'agriculture et de l'alimentation, Université Laval.

BLOOMFIELD, E.J., 1972. **Le boeuf musqué, nul animal terrestre ne vit plus au nord que cette sorte de chèvre-antilope velue.** Revue Imperial Oil n° 5: 6-11.

BOULET, M., 1979. **Le cerf de Virginie à l'île d'Anticosti.** Effet

des conditions de l'environnement sur son comportement.
Carnets de zoologie 39: 52-59.

BOURQUE, J., 1977. **L'ovibos.**
Direction générale du Nouveau-
Québec, Ministère des richesses
naturelles.

DESMEULES, P., 1961. **Recherches
sur l'habitat d'hiver de l'orignal.**
Carnets de zoologie 21: 52-55.

DESMEULES, P. & J. Heyland,
1969. **Contribution to the study
of the food habits of caribou.
Lichen preferences. Daily consumption of lichens.** Le
Naturaliste Canadien 96: 317-336.

FOWLER, J., 1974. **Canadian
muskox move to Siberia, 10
yearlings to re-establish herds
extinct for 2,000 years.**
North/Nord 21: 2-7.

GOUDREAULT, F., 1979. **Période
de la chute des velours chez le
cerf de Virginie de l'île d'Anticosti, Québec.** Carnets de
zoologie 39: 8-10.

GRAY, D.R., 1974. **The defense
formation of the musk-ox.**
National museum of natural
sciences 14: 25-29.

HABER, G.C., 1980. **The balancing
act of moose and wolves.**
Natural History, The journal of the
American museum of natural
history 89: 38-51.

HOARE, W.H.B., 1930. **Conserving
Canada musk-oxen. Being an ac-
count of an investigation of
Thelon game sanctuary 1928-29.**
Department of the interior, Ottawa.

HUOT, J., 1973. **Le cerf de Virginie
au Québec.** Service de la faune,
M.T.C.P. Bull. n° 17.

HUOT, J., D. Banville & H. Jolicoeur,
1978. **Étude de la prédation par
le loup sur le cerf de Virginie
dans la région de l'Outaouais.**
Service de la faune, M.T.C.P.

JOLICOEUR, H., 1976. **L'élevage du
boeuf musqué** Ovibos moschatus
**(Zimmermann) en Alaska et au
Québec.** Carnets de zoologie
36: 4-10.

LEJEUNE, R., 1971. **Umimmaq: le**
second souffle. North/Nord
17: 1-4.

MILLER, F.L. & A. Gunn, 1977.
**Étude préliminaire de certaines
réactions du boeuf musqué**
(Ovibos moschatus) **à des
dérangements provoqués par un
turbo-hélicoptère, sur l'île du
Prince-de-Galles (Territoires du
Nord-Ouest) en juillet et août
1976.** Service canadien de la
faune, Cahiers de biologie n° 78.

OZOGA, J.L. & L.W. Gysel, 1972.
**Response of white-tailed deer to
winter weather.** J. Wildl. Manage.
36: 892-896.

PARENT, R., 1978. **Population et
habitat du ravage de cerf de
Virginie du mont Rigaud, hiver
1977-1978.** Service de la faune,
M.T.C.P., Gouvernement du
Québec.

PARKER, G.R., 1978. **The diets of
muskoxen and Peary caribou on
some islands in the Canadian
High Arctic.** Service canadien de
la faune, Publication hors-série
n° 35.

PASSMORE, R.C., 1973. **Le cerf de
Virginie.** La faune de l'arrière-
pays. Service canadien de la
faune, Environnement Canada.

POMERLEAU, R., 1973. **Le caribou.**
Faune du Québec, M.T.C.P.,
Gouvernement du Québec.

POMERLEAU, R., 1973. **L'orignal.**
Faune du Québec, M.T.C.P.,
Gouvernement du Québec.

RUTHERFORD, J.G., J.S. McLean
& J.B. Harkin, 1922. **Reindeer and
musk-ox, report of the Royal
Commission upon the
possibilities of the reindeer and
musk-ox industries in the arctic
and sub-arctic regions.** Canada,
Department of the interior, King's
Printer, Ottawa.

SYMINGTON, F., 1965. **Tuktu, une
question de survivance.** Service
canadien de la faune.

TENER, J.S., 1965. **Muskoxen in
Canada. A biological and
taxonomic review.** Canadian
wildlife service, monograph 2.

Index

Photographies

Animals Animals
John Gerlach: 167.
Leonard Lee Rue III: 25.
Stouffer Productions: 35.

Peter Arnold, Inc.
Bildarchiv Jurgen Lindenburger: 97.
Stephen J. Krasemann: 89.
John MacGregor: 65,143,147.

Roger W. Barbour: 40,144.

Bruce Coleman, Inc.
J. Alsop: 119.
Bob Caphonn: 193.
Jeff Himmelstein: 51.
Gary R. Jones: 67.
L. Riley: 71.
B.J. Spenceley: 43.

Éditions du Nomade, Inc.
Michel Quintin: 37,45,46,63,85,91,105,109,113,117,123,127,133,155,161,
163,169,173,181,185,187,189,190,197,201,205,209,213,219,225,227
228,233,237,239,247,251,255,261, page couverture.

David R. Gray: 95.

Photo Researchers, Inc.
Phil A. Dotson: 215.
J.L. Lepore: 69.
Tom McHugh: 153,211,221.
Charles E. Mohr: 73.
Alvin E. Staffan: 217.
H.A. Thornhill: 77.
L. West: 75,137.

Royal Ontario Museum
J. Bristol Foster: 141,149.

Tom Stack & Associates
John Gerlach: 33.
Rad Planck: 53,139.

Valan Photos
Wayne Lankinen: 111.

Dessins

Michel Deslandes: 29,152,172,204,231,274,275,276,277,281.
Richard Miron: 13,24,57,59,78,87,122,126,156,222,253,
pictogrammes et silhouettes du code de couleurs.
Daniel Racine: 39.

La diffusion est assurée par
Diffusion Prologue Inc.
2975, rue Sartelon
Ville St-Laurent H4R 1E6
(514) 332-5860

Achevé d'imprimer
le 31 octobre 1983,
à l'Imprimerie
Jacques-Cartier Inc.,
à Montréal.